NOUVEAU-BRUNSWICK EST EN ÉTAT DE MORT CÉRÉBRALE

Un Coma Arrive Très Bientôt

Copyright

Nouveau-Brunswick est en état de mort cérébral.

Un coma arrive très bientôt !

Copyright © 2022 par Paulin Blaise Ngweth.

ISBN 979-8-849062-27-3

Contenu

"Le monde est dangereux à vivre ! Non pas à cause de ceux qui font mal, mais à cause de ceux qui regardent et laissent faire"
(Albert Einstein)

————————

Les "Fake News" centraux sont produits par l'Establishment"

————————

"Je ne suis ni complotiste, ni conspirationniste. Pour moi, Réfléchir, Analyser et Poser de Vraies Questions est c'est que je fais dans mon livre."

————————

"Ma pauvre mère disait toujours : Investis dans ta tête, c'est la chose qui ira partout avec toi" – Tidjane Thiam

————————

"Les livres soignent l'une des plus dangereuses des maladies humaines : L'IGNORANCE" – (Inconnu)

————————

"Donner une voix aux gens qui n'en ont pas, je crois que c'est ça, la responsabilité de l'écrivain" - Jim Harrison

DÉDICACE

À mon épouse Marie Claire et à nos trois beaux enfants, Théodora, Liam et Jérémy. Merci pour vos câlins, votre amour, votre humour et vos encouragements. Vous êtes ma force, ma raison d'être et sans vous je n'aurai pas pu réaliser mon rêve.

À ma feu maman Ngo Yogo Ernestine, je veux te dédier ce livre. Sans ton ADN de bosseuse, ton courage et ton amour pour l'éducation que tu m'as transmise, cette œuvre aurait été impossible. Merci de m'avoir toujours aimé et soutenu. En ce jour mémorable, pour moi ainsi que pour vous, reçoit ce travail en signe de ma vive reconnaissance et de ma profonde estime.

À mon grand frère, le professeur Yogo Emmanuel, qui pendant des années, n'as cessé de me parler de l'importance de l'éducation. Tu avais l'art de nous dire que sans l'éducation nous sommes voués à l'idiotie. Tu avais raison et je te dis merci pour tout ce que tu as fait pour moi.

Avec l'expression de ma reconnaissance, je dédie ce travail avec humilité à ma grande sœur Suzanne, à mes cinq frères Emmanuel, Richard, Élie, Michel, Édouard et leurs familles.

À mon grand ''chum'' Adair Losier qui est mort d'un cancer il y a quelques mois. Une bête en politique, un leader pour beaucoup de jeunes, un rassembleur, un homme sociable, un conseiller, un papa protecteur, un homme franc, un père de famille, un altruiste, un homme de connexion et de réseau, un homme qui savait casser les codes entre les cultures...Pourquoi es-tu allé aussi vite ? Je me souviens quand tu m'as pris sous tes ailes pour me porter haut comme un aigle qui se lève au-dessus de la mêlée. Tu m'as préparé pour être un futur candidat député à l'élection provinciale et tu l'as fait et je te dis merci. Ton soutien et tes conseils m'ont amené vers des sommets. Je suis allé à ton école politique et j'ai appris très tôt qu'il faut travailler fort et garder le focus... Tu as monté une équipe de choc pendant ma campagne électorale pour mon succès. Merci, j'ai été choyé par un homme au grand cœur. Toi, mon Adair, tu m'as protégé quand certains membres du parti ont essayé de me mettre de côté. Tu as été une mère poule, je me suis senti fort et encore confiant. 1000 fois merci ! Je voulais te rendre hommage et je suis content que je l'ai fait parce que tu le mérites. Je dis merci à mon grand ''chum'' Adair Losier, à son épouse Rhonda Losier, à ses deux filles et petits enfants.

À mon ami Raymond Roberge. Merci, parce que tu me challenges à chaque fois qu'on se rencontre pour jaser. Tes conseils, ton altruisme, ton ouverture aux autres peuples, ton amour pour la province, ta franchise, sont de bonnes qualités que tu possèdes. Merci pour ton leadership.

Je veux dire merci au feu Jim Putman et Brian Baxter des personnes formidables. Vous avez démontré dans le passé votre sens du leadership et l'amour que vous aviez pour la province. Je vous dis merci pour votre investissement durant ma campagne électorale et merci d'avoir été à mes côtés.

À mon grand ami Valbert Dugas, un homme calme et plein de réflexions, un homme hyper intelligent avec qui j'ai tissé des liens forts et qui nous a quitté cette année et à son épouse Corinne Dugas une femme sociable, bien polie, ouverte au monde, une bonne cuisinière, une écrivaine... Vous êtes des gens formidables et nos chemins se sont croisés pour une bonne cause. Merci pour tout.

À nos amis proches Aristide et Cadeau Nyounai, merci pour votre amitié sincère et les amis sincères comme vous sont rares. Et merci pour votre fidélité.

Mon livre est aussi dédié aux politiques, et mon impression est qu'ils ne le liront jamais, parce qu'il s'adresse à eux en particulier. Ils ont tellement fait de fausses promesses au peuple. Aujourd'hui, la majorité du peuple ne les aime plus, ne les croit plus, ne les écoute plus et il les déteste.

Je tiens à remercier tous ceux qui m'ont aidé à écrire ce livre

Merci pour celles et ceux que je n'ai pas cité, prière de ne pas vous offusquer, je vous aime et je vous porte dans mon cœur

Merci pour notre belle province d'accueil, le Nouveau-Brunswick.

Merci à Dieu.

PRÉFACE

Je suis arrivé au Nouveau-Brunswick en février 2005 et dès lors, j'ai décidé de m'investir dans un parti politique, parce que j'ai toujours eu envie de servir mon nouveau pays d'accueil. Je rencontre le feu Clarence Cormier paix à son âme, un ancien conseiller, maire de la ville de Dieppe, député provincial et le premier Acadien à être nommé ministre de l'Éducation au Nouveau-Brunswick etc. Un homme très sympa, humaniste, docile, humble, il avait le sens de l'humour une façon là aussi de faire tomber les murs et les tensions. Cette attitude révélait son authenticité et il s'entourait facilement des gens. Je me souviens qu'il m'avait donné envie et le goût de parler chiac, le dialecte acadien. À l'époque, il utilisait certaines expressions, comme : ''*Ma maison est à la valdrague*'' ce qui veut dire que la maison est sale et désordonnée ... Il y avait en lui de la fibre politique. Il m'invite à prendre un café chez lui afin de parler de politique et j'avoue que ce furent des moments fantastiques. Il avait une fine manière de recruter les futurs membres pour le parti conservateur, il parlait tellement bien au point où il avait réveillé en moi ce qui était enfoui depuis longtemps, faire la politique en sachant qu'il y a un autre monde qui est possible. Il m'a parlé des valeurs du parti conservateur, sa vision, sa mission, son histoire et les raisons pour lesquelles il y milite depuis sa jeunesse.

Pour mieux comprendre la politique canadienne et son mode de fonctionnement, j'ai lu tous les manuels des partis politiques qui existent dans la sphère politique. Le parti conservateur était celui qui se rapprochait de mes valeurs, vous pouvez imaginer la suite. Je suis membre de ce parti depuis plus de 10 ans pour celles et ceux qui ne le savent pas. J'ai fait mes premiers pas au sein du parti conservateur du Canada et le parti progressiste conservateur du Nouveau-Brunswick. En plus, j'ai aussi fait mes devoirs : bénévolat, directeur des commissions, candidat à l'élection provinciale et membre engagé... Cette expérience m'a servi à bien comprendre le mode de fonctionnement de la politique canadienne dans son ensemble. Depuis plusieurs années, je suis passé de militant à celui qui comprend la scène politique canadienne et provinciale, puis à un observateur qui écrit les bouquins au sujet de la politique et autre.

INTRODUCTION

Mon livre "NOUVEAU-BRUNSWICK EST EN ÉTAT DE MORT CÉRÉBRALE" a été écrit sans aucun maquillage, je sais que je brise un "tabou" qui s'appelle le politiquement correct et qui date depuis la nuit des temps. Mais ce dont je suis convaincu, c'est au Nouveau - Brunswick que je parle et chacun de vos territoires fait partie de notre histoire. Je sais que ce livre va soulever des mouvements d'espoir et d'enthousiasme pour le futur et qui seront bien réels au sein de notre société. Je sais que ce livre va réveiller au-delà des partisanneries politiques un patriotisme pancanadien à la fois raisonné et émotionnel qui n'osait plus prendre la parole de manière ouverte de peur d'être qualifié de nationalisme dangereux, de complotiste et radical, ce que j'appelle : les sans voix. Je sais en même temps que je vais choquer les consciences et les bonnes âmes et ce n'est pas mon intention. Pour moi, écrire ce livre est une aventure existentielle et intellectuelle. En revanche, cette aventure doit nous permettre de redessiner notre province qui est malade, d'écrire ensemble notre <u>Roman Provincial</u> et de sauver les prochaines générations. Sur ce, il faut protéger notre province, rassembler les néo-brunswickois, défendre nos citoyens et sauvegarder notre planète en : économisant l'eau, en préservant la qualité de l'air, en protégeant nos sols, en protégeant la faune locale, et en économisant notre énergie.

Dans mon bouquin, je décris les problèmes sociétaux que vivent nos concitoyens. Notre province est anémiée et ces épidémies de difficultés parlent tellement fort au point où je ne pouvais pas me taire et ne rien dire, surtout quand il s'agit de ma province d'accueil, celle que j'aime et dont les murailles sont en ruines. Friedrich Nietzsche disait : *''Se taire est pire encore; toutes les vérités tues deviennent vénéneuses''*. Il fallait que je fasse quelque chose, car j'ai appris auprès de mes parents que de vrais combattants ne sont pas taiseux face aux drames de l'humanité, aux injustices, à la fatalité et surtout aux injustices des politiques qui nous gouvernent.

La plupart de nos politiques sont tombés dans des dérives politiciennes et ils ne parlent presque jamais du Nouveau Brunswick, du made in Nouveau-Brunswick, de son visage, de son histoire, de son identité, de sa place dans le territoire national et dans le monde, de son multiculturalisme, de sa richesse linguistique, du vivre ensemble, de sa beauté et de son avenir etc. Ils sont égocentriques, ils pensent seulement à leur avenir, ils ne sont pas des gens du peuple, ils ne disent pas la vérité, ils utilisent la rhétorique politicienne pour promettre des choses qu'ils ne vont jamais réaliser. Leurs discours politiques sont déconnectés du sens, ils ne forgent plus du concept ou ne créent plus la pensée et en même temps ils jonglent avec des mots qui n'ont pas généralement de sens. À maintes reprises nos élites politiques jonglent avec les mots comme un joueur de soccer qui jongle avec une balle de football anglais. Les mots qu'ils prononcent ne veulent rien dire en eux-mêmes, une façon là aussi de faire avaler des couleuvres au peuple. Ils sont les primats du cœur sur la raison et de postures, ils ne s'éduquent plus, ils sont plus proches des riches que des pauvres et ils passent toute leur vie à les révérer comme de petits dieux. Ils ne croient pas à la lutte contre les changements climatiques. Ils divisent pour mieux régner. Ils disent qu'ils sont des leaders et pourtant ils ostracisent le peuple, ils votent l'état d'urgence pour une simple menace. Ils aiment le pouvoir et ils veulent y rester aussi longtemps que possible. Ils aiment vivre au crochet de nos contribuables. Certains ont été élus sous la bannière de la gauche ou de la droite parce qu'ils sont les fils de... Ils ont créé des catastrophes : environnementale, économique, et sanitaire. Ils gèrent la province avec une vision à géométrie variable. Ils n'ont pas de vision ni de projet pour le long terme (*dix à vingt ans*) et enfin écoutez ces Ayatollahs politiques parler ou faire des discours, on dirait des tonneaux vides qui font trop de bruit.

Le Nouveau-Brunswick est un ''Organisme Malade'', il n'y a pas une partie qui fonctionne correctement, tous les pans de la société sont en lambeaux : le système de santé ne fonctionne pas comme il le faut, l'économie est toujours à plat, le pouvoir d'achat n'est jamais au rendez – vous, les inégalités ne cessent de se creuser entre riches et pauvres, la crise environnementale, le chômage de masse, l'immigration et l'inflation etc. La défiance des citoyens envers leurs institutions et le système de gouvernance.

Ce livre raconte aussi l'histoire d'une imposture et l'histoire d'une défaite de nos élites politiques et pour la plupart, de nos élites acadiennes qui ont trahi notre langue et notre identité. Elles ont parfois craint de prendre position quant à la défense de notre langue et le cas échéant - la modification de la langue française promise par le gouvernement fédéral. Ce gouvernement nous a niqués au moins deux fois en promettant des changements qu'il allait apporter en profondeur. Malheureusement rien n'a été fait jusqu'à aujourd'hui. Nos élites n'ont rien fait pour confronter le ''Roi'' du palais à tenir à sa parole.

Il n'y a pas eu de rapport de force et plus de pressions afin d'exiger que cette modification ait lieu le plus vite possible. Et pourtant nous avons une arme fatale, sophistiquée et supersonique qui peut faire trembler Ottawa, elle s'appelle le vote sanction par des urnes. Il vous suffit d'un aller-retour vers les bureaux de vote. Et si vous le faites, c'est que vous aviez compris qu'un autre monde est possible. Une manière de dire non à ceux qui nous gouvernent en refusant de les voter. Cette arme est entre nos mains à chaque élection. Nous ne savons pas la manipuler ou l'utiliser en donnant des gages clairs pour celles et ceux qui veulent qu'on les vote. Je pense que nous avons besoin d'une formation afin de mieux comprendre comment manipuler cette arme, elle risque de se retourner contre nous et contre notre peuple. Il faut envoyer un message clair à celles et ceux qui veulent nos votes en leur disant si vous n'êtes pas capables de faire ce qu'on vous demande ne comptez pas sur nous pour vos intérêts égoïstes. Une façon là aussi d'envoyer un signal fort au "Roi" du palais en lui signifiant que nous refusons de le voter parce qu'il nous a roulé dans la farine. Un proverbe écossais dit ceci : *"Donnant donnant, rien pour rien"*.

Enfin, le peuple est trahi et aussi le citoyen lambda. Cette trahison est aussi celle des idées et de la pensée. Nos élites ne parlent que du politiquement correct, ils craignent de prononcer des mots qui ont un sens et ils passent le temps à tourner autour du pot. C'est la raison pour laquelle j'ai pris ma plume pour écrire. Parce que cette province dans laquelle j'habite depuis maintenant dix-huit ans avec les miens nous a tellement donné. Mille fois merci pour votre accueil, votre hospitalité, votre ouverture au monde, vos gestes d'amour!

Je ne peux pas la voir fondre comme du beurre et rester muet et il fallait que je fasse quelque chose.

L'écriture de réflexion et qui pose de bonnes questions, c'est ma façon de penser la vie intellectuelle et c'est ce que je fais dans ce livre. Écoutez, le but de mon livre n'est pas de caresser dans le sens du poil ou de flatter le microcosme égocentrique de quelques personnes, des politiques, des partis politiques, de courants de pensées idéologiques, des castes, etc. quoi qu'on en dise. Je fais un diagnostic que je pense être clair sur l'état actuel de la province, je n'invente pas la roue parce que plusieurs ont fait ce diagnostic avant moi et d'autres le feront aussi après moi.

Alors, je vous invite à sortir des ''moules idéologiques'' qui animent notre débat politique et à comprendre que le sujet vaut mieux que les utopies simplistes voulues par celles et ceux qui nous dirigent depuis plus de cinquante ans : gauche et droite. J'ose croire que mon audace va vous faire réfléchir, révolter, pousser les lignes, vous engager dans ce combat qui est le nôtre celui de la souveraineté de notre peuple. Car en dépassant les codes des partis, je vais heurter quelques sensibilités de la société qui ont colonisé la vie publique et la scène médiatique. Sachez que ce n'est pas mon intention.

En tant qu'écrivain, mon rôle est de constater les faits, de dénoncer les inégalités et les injustices. Et comme disait - Jim Harrison : *''Donner une voix aux gens qui n'en ont pas, je crois que c'est ça, la responsabilité de l'écrivain''*. En revanche, je vois trois axes majeurs au rôle de l'écrivain dans la société. Il a une utilité psychologique, sociologique et socio-historique. Je vous fais une confidence de la part de mon prof belge de littérature. Et voici ce qu'il aimait dire : *''la littérature contribue à l'amélioration des citoyens qui la composent en développant le sens esthétique, l'esprit critique, la connaissance de soi''*

La plupart de nos politiques pestent et préfèrent dissimuler des problèmes que vivent nos concitoyens depuis des décennies par exemple l'état, de notre économie (*pouvoir d'achat, chômage de masse, inégalités sociales et j'ajoute l'inflation*), des inquiétudes culturelles, des peurs civilisationnelles, de l'immigration, la lutte contre la COVID-19, la lutte contre les changements climatiques etc., plutôt que de voir débattue par le peuple la gestion de notre province par le biais d'un référendum. Nous, peuple du Nouveau-Brunswick devons choisir notre souveraineté! Et cette souveraineté nous rend libre, il faut la chercher avec nos tripes et courage.

En cette période de crise sanitaire, nos libertés ont reculé et elles sont passées à tabac. Notre liberté d'expression recule et ce n'est pas un fait anodin. Les libertés et droits de plusieurs citoyens ont été muselés, bafoués. Le peuple a été mis au banc des accusés et emprisonné quant à ses libertés. Il n'y a pas eu de débats de société au sujet du fameux COVID-19. Il fallait trouver des boucs émissaires, ça y est ... une expression qui pourrait qualifier les antivax comme étant des personnes à caractère complotiste et qui désinforment le peuple au moyen des médias sociaux, bref des ennemis à battre. Le moment était bien choisi celui du scrutin fédéral - le 20 septembre 2021, afin d'élire un nouveau premier ministre canadien. Nous avons connu une des campagnes fédérales la plus féroce, coûteuse et dangereuse au point où le premier ministre a été menacé de mort.

Le débat sur la lutte contre la Covid – 19 a été politisé, certains politiques ont parfois aggravé des faits pour plaire à l'ensemble de la population. Il fallait trouver des ''mots'' qui sont devenus aujourd'hui des ''maux'' pour notre société, afin de gagner la campagne électorale fédérale. La gauche au pouvoir a eu l'idée géniale de tenir des propos violents à l'encontre des réfractaires au vaccin qu'on appelle des antivax. Ils ont été caricaturés, ostracisés, stigmatisés, insultés, menacés, bâillonnés, emmerdés, violentés, traités de fascistes et plus récemment de terroristes etc. une façon pour la gauche de créer deux axes au sein de l'opinion publique : ''celui du bien'' et ''celui du mal''. Le monde du bien ce sont des vaccinés et le monde du mal ce sont les antivax. Que vous rappellent ces deux expressions? ''*L'histoire nous rappelle l'horreur des attentats du 11 Septembre 2011 qui a sorti instantanément les Américains de leur isolationnisme habituel et leur Président n'eut aucun mal à arracher l'accord du Congrès pour attaquer l'Afghanistan. L'invasion de l'Irak, en revanche, se fit difficilement et l'équipe présidentielle dut soigner sa rhétorique. La décision de renverser Saddam Hussein fut prise au moins dès les attentats de septembre 2001, mais déjà dans les années quatre-vingt la presse dénonçait le danger qu'il représentait. Cependant, comment contrer les arguments des opposants à la première guerre préventive de l'histoire récente ? Le président Bush parvint pourtant très rapidement à convaincre la majorité des Américains. Ce ralliement derrière le chef après le traumatisme des attentats est compréhensible, et l'on peut imaginer qu'il aurait été aussi fort avec n'importe quel président. Toutefois, on peut également penser qu'il existe un facteur supplémentaire qui décuple l'empathie de la majorité des citoyens en ce moment-là avec George W. Bush. Président non élu par le vote populaire et médiocrement apprécié avant le 11 septembre, celui-ci sut adopter le ton prophétique qui sied à l'Amérique, et parler à ses concitoyens le même langage qu'une grande partie d'entre eux entendent depuis toujours dans leurs églises, voire dans leurs écoles. Ainsi, il transforma cette intervention en une croisade des forces du bien contre les forces du mal, pour la première fois de manière explicite, lors du Message sur l'état de l'Union de janvier 2002, discours aux nombreuses références religieuses. Les auditeurs et les observateurs allaient retenir une expression étrange, "l'axe du mal", laquelle désignait désormais les pays accusés d'avoir aidé Ben Laden et les islamistes en général, c'est-à-dire l'Irak, l'Iran et, étrangement, la Corée du Nord : "Les États comme ceux-là, et leurs alliés terroristes, constituent un axe du mal, s'armant pour menacer la paix du monde"*

Dans The Right Man, David Frum, qui faisait partie de l'équipe des rédacteurs de discours présidentiels, explique qu'il cherchait une expression qui pourrait qualifier tous les pays du Proche et du Moyen-Orient dont l'islamisme militant traduisait la haine de l'Occident et de ses succès matériels. A court d'inspiration, et la destruction des tours jumelles ressemblant à Pearl Harbour, il prit un livre de discours de F. D. Roosevelt, sauta sur le mot "axe" qui désignait l'Allemagne, l'Italie et le Japon, et inventa "l'axe de la haine". Juif lui-même, et de surcroît canadien, Frum n'agit pas en tant qu'évangéliste ; et, à ses yeux, l'expression était historique et culturelle. Il précise que ce fut le rédacteur en chef des discours, Michael Gerson, qui voulut utiliser le vocabulaire théologique que Bush employait depuis le 11 Septembre, et "l'axe de la haine" devint "l'axe du mal". La Corée du nord fut ajoutée pour faire bonne mesure puisqu'elle aussi fabriquait l'arme nucléaire [...] et avait besoin d'une mise en garde

Le discours revint annoté de la main de Bush, qui en acceptait toutes les implications. Nous avons donc ici l'origine historique précise de l'expression "axe du mal". Néanmoins, si elle a autant marqué les esprits aux États-Unis, c'est parce qu'elle correspondait à un archétype de la rhétorique politique et religieuse américaine, la croyance en la division morale binaire du monde ; et c'est exactement pour cette même raison qu'elle a choqué la Vieille Europe, où depuis fort longtemps il est inconcevable qu'un chef d'État puisse utiliser des arguments religieux..." [1]

Le gouvernement a profité de cette pandémie pour porter atteinte à nos libertés comme par exemple la liberté de circulation de nos citoyens et évacuer le débat fondamental sur la COVID-19 qui n'a jamais eu lieu au sein de la population. Nous devons être contre; et le gouvernement doit sentir que le peuple du Nouveau-Brunswick s'élève parce que la liberté est au-dessus du mensonge. L'Homme a besoin de ce qui est propre à l'élever, malheureusement ce n'est pas le cas en cette période fragile et critique.

Je constate que toutes celles et tous ceux qui ne sont pas en accord avec la façon de faire du gouvernement et qui refusent de prendre le vaccin sont considérés comme des complotistes ou des emmerdeurs de la société. Moi, je ne crois pas forcément à cette thèse, parce que l'ennemi ce n'est pas le peuple, mais le VIRUS. Il faut traiter le problème et non stigmatiser les citoyens. Si nos politiques avaient eu le désir

---

[1] hhttp://www.whitehouse. gov/news/releases/2002/01/20020129-11.html.

ou le courage de lire les Actes des apôtres au chapitre six, ils allaient comprendre comment résoudre un conflit de cette envergure : *"...Les apôtres (les douze) ont parlé au groupe général des croyants et ont recherché la solution avec beaucoup de communication et de contribution parmi le peuple. Ils ont même demandé à ceux - probablement surtout ceux qui se sentaient lésés - de suggérer des hommes de bonne moralité pour effectuer ce travail. Les apôtres étaient beaucoup plus préoccupés par la qualité interne des hommes que par leur apparence, leur origine ou leur image etc. Les apôtres n'essayaient pas de protéger leurs propres droits. Ils ne protégeaient même pas leur propre point de vue. Ils voulaient simplement résoudre le problème pour le bien de leur communauté - C'était une merveilleuse façon de résoudre le problème. Ils n'ont pas rejeté les plaignants. Ils ne se sont pas divisés en deux ou plusieurs groupes. Ils n'ont pas fui les gens malheureux, revendicateurs, opposés à leur point de vue et qui veulent se faire entendre. Ils ne se sont pas barricadés pendant des jours à l'intérieur de leurs bureaux chics et qui sont majoritairement bien climatisés pour chercher à éviter le conflit. Mais ils se sont mis à la disposition du peuple parce qu'ils avaient bien compris l'importance de la résolution des conflits. Pour eux, le peuple passait avant le conflit et c'est la raison de leur succès"*[2]. Et c'est ce qu'on appelle avoir du leadership, être à l'écoute et avoir une oreille attentive. Tous ces aspects ont manqué au sein de la plupart de nos gouvernements durant la fameuse période de COVID-19.

Ma grand-mère disait : *''Quand tu glisses et que tu tombes généralement tu auras tendance à regarder l'endroit où tu es*

---

[2] https://www.biblegateway.com/passage/?search=Actes%206&version=LSG

tombé et c'est une réaction normale. Mais en même temps c'est une erreur, parce qu'il ne faut pas le faire, mais plutôt il faut se poser de bonnes questions suivantes : À quel moment a commencé la glissade et à quel moment suis-je tombé? Pourquoi suis-je tombé?" À quelle période notre gouvernement a commencé à glisser sur des questions sociétales diverses et qui sont toujours non traitées, parmi lesquelles notre système de santé ? Aujourd'hui, notre gouvernement blâme les "supposés complotistes et les non vaccinés" en pointant son doigt sur les antivax. Je comprends leur exaspération qui est légitime vue l'ampleur du nombre de cas malades et des morts. Je ne doute pas de leur volonté à mettre des bouchées doubles pour que cette pandémie s'arrête. Je sais qu'ils sont aussi fatigués que le reste de la population. Il y a un bémol et comme le dit une maxime biblique : " *Pourquoi vois-tu la paille qui est dans l'œil de ton frère, et n'aperçois-tu pas la poutre qui est dans ton œil?"*. Pourquoi le système de santé ne fonctionne quasiment pas depuis belle lurette? Pourquoi les urgences se ferment et pourquoi 132 médecins sonnent l'alarme sur les risques pour la sécurité des patients? Qui est responsable du désarmement de l'hôpital ? Qui a créé la désertification médicale? Est-ce que notre hôpital ne tangue pas depuis des décennies? Pourquoi le système de santé est-il débordé? Pourquoi les médecins partent? Aviez-vous innové dans nos hôpitaux? Pourquoi des milliers de citoyens n'ont pas de médecins de famille? Nos hôpitaux ont-ils été bien équipés et bien préparés pour lutter contre une éventuelle épidémie ou pandémie? Pourquoi il y a un manque criant d'infirmiers et de médecins ? Selon Radio Canada : *"Il manque près de 200 médecins et 800 infirmières au Nouveau-Brunswick.... Dans l'ensemble de la province, il existe 5289*

postes d'infirmières et 15 % des postes d'infirmières sont va-
cants...La pénurie de professionnels de la santé touche aussi les
infirmières et infirmiers immatriculés"[3] Pourquoi nos aînés
ne sont pas parfois bien soignés? Pourquoi des citoyens doivent attendre pendant au moins deux ans pour une chirurgie
mineure? Pourquoi une longue liste d'attente pour les chirur-
gies? Pourquoi nos soignants qui font un excellent travail
sont-ils épuisés et font du burnout? Pourquoi les lits d'hôpitaux se ferment ? Qui a sabré l'hôpital ? Aviez-vous fait de la
pédagogie pour convaincre celles et ceux qui ne veulent pas
se faire vacciner ou aviez-vous contraint le peuple? Est-ce
qu'on vaccine les gens avec des seringues sous la gorge?
Pourquoi avoir créé une société à géométrie variable : les
bons d'un côté et les méchants de l'autre ? Etc. Est-ce que ce
sont des antivax qui ont causé tous ces problèmes? Non,
abats les non vaccinés! Alors il ne faut pas déplacer le débat.
Et que dire de ces dettes abyssales que notre inconscience
accumule et qui nous font perdre la maîtrise de notre destin!
Faites bien fonctionner notre démocratie, notre économie,
notre système de santé et redonner le pouvoir aux citoyens
par des référendums ou des référendums d'initiatives citoyennes et vous aurez moins d'Antivax, parce que la mayon-
naise va prendre. Le citoyen lambda sera dans la disposition
d'écouter celles et ceux qui nous gouvernent. Savez-vous que
les *"Fake News"* centraux sont généralement produits par
l'Establishment et les médias grand public?

En pleine pandémie internationale, tous les politiques
semblent soudainement être devenus des spécialistes en maladies infectieuses. Si l'illustre philosophe français du nom de

---

[3] https://ici.radio-canada.ca/nouvelle/1889691/medecins-infirmieres-nouveau-brunswick-penu-rie-sante

Voltaire était encore vivant, il aurait peut-être alors commenté cette période de crise sanitaire par l'une de ses pensées : *"Qui parle le plus en sait bien souvent le moins"*. La plupart des politiques sont tombés par terre et ils sont vraiment dans les choux.

Je pense qu'il faut une remise à plat de la province pour aller vers une nouvelle direction consensuelle acceptée par les citoyens. Les populations qu'elles soient rurales ou urbaines doivent nous dire ce qu'elles attendent de l'État ou de leur province. Nous avons besoin d'un dialogue sain : régional et provincial.

Il nous faut une nouvelle respiration dans le vivre ensemble ce qui veut dire un nouveau contrat social. Il faut aller vers les citoyens pour leur poser de vraies questions qui fâchent, et c'est le travail des sociologues, historiens, juristes, etc. pour savoir quel type de société veulent nos concitoyens. L'enjeu est d'inventer une nouvelle province. Nous devons tout remettre à plat, tout rebâtir pour retrouver la confiance dans notre avenir, pour renouer avec la fierté d'appartenir au Nouveau-Brunswick, pour redonner des ailes à notre destin, pour renouer avec le panache. En plus de rééquilibrer les territoires du Nouveau-Brunswick, il faut permettre à chacun de vivre où il souhaite, permettre les services hospitaliers pour tous dans toute la province. Il faut relocaliser les emplois et en les dispersant dans l'ensemble de la province. C'est ainsi qu'on offrira la richesse capable de développer notre Nation. Mais, pour changer le cours des choses, il faut tout refondre, renouer avec l'audace et la responsabilité, car pour relever notre province il faut des caps clairs et des actions qui sont bien déterminées. Les citoyens du Nouveau -Brunswick préfèrent le courage et la clarté.

En lisant ces pages, vous en saurez bien plus et vous aurez raison de penser que vous avez le droit de penser et choisir par et pour vous-mêmes. Quand le gouvernement musèle les citoyens, sape leurs libertés et les contraint à faire ce qu'ils ne veulent pas parce qu'ils ne se sentent pas libres, l'humain résiste comme un chiendent qui résiste à la mauvaise herbe entre les pavés. Il faut redonner un avenir à notre peuple celui du Nouveau-Brunswick et de refaire de notre belle province un ''gros moteur'' de l'histoire. Nous avons besoin d'un nouveau roman provincial et c'est vous qui devez l'écrire, vous les citoyens de cette province. Il faut que vous vous appropriiez de cette histoire qui est la vôtre. Et c'est que j'appelle être souverainiste.

CHAPITRE I

3 CASTES DIRIGENT LE NOUVEAU BRUNSWICK

Un constat est clair. Depuis des décennies nous sommes dirigés par trois ''castes'' qui ont pris en otage notre province : La ''caste anglophone'', la ''caste francophone'' et la ''caste des oligarques''. Elles sont un petit groupuscule, des forces minoritaires, invisibles et des réseaux transversaux de l'ombre qui travaillent soit pour la droite ou la gauche au pouvoir. Elles sont au service de leurs rêves et ambitions. En plus, elles veulent la mort de notre province depuis longtemps. Tant que ces trois castes contrôlent le pouvoir de manière directe ou indirecte, jamais nous ne pourrons avoir notre souveraineté, notre prospérité et notre identité.

Plusieurs d'entre eux vivent au crochet de l'État. Les mecs ont été biberonnés par les gouvernements précédents ou actuels. Ils sont eux-mêmes une grosse dépense publique. Ils changent constamment de postes ministériels et personne ne peut les déloger sauf de leur propre gré ou s'ils décident volontairement de prendre leur retraite en catimini.

Ils cumulent des mandats et des retraites dorés avec des revenus colossaux, et quand on les entend parler de dépenses publiques à la radio, dans les réseaux sociaux et sur les plateaux de télévision, que c'est délirant et ça donne à vomir. Une de leur caractéristique est qu'ils aiment balancer les instructions et vous êtes tenus d'écouter au coup du sifflet sans regimber. Ils aiment intimer l'ordre comme dans l'armée.

En fait, on élève de petits requins blancs pour un monde de gros requins blancs (*Le grand requin blanc a plusieurs caractéristiques et c'est très important à savoir : il est un super prédateur solitaire qui fait peur. Il est un bon chasseur, autant qu'il fascine et c'est un opportuniste...*). Des dents par centaines du requin blanc... qui se renouvellent régulièrement. L'animal possède en effet cinq à sept rangées de dents par mâchoire, pour 600 à 800 dents en moyenne au total. Ces dents coupantes comme des lames de rasoir mesurent jusqu'à 7 cm. Leur remplacement fonctionne comme un tapis roulant. Leur durée de vie est courte : en moyenne dix jours, et elles se renouvellent dès que l'une tombe ou se casse. Le parallèle ici est qu'au moment où un membre de ces trois castes prend sa retraite, il est rapidement remplacé par un membre de la même caste et qui depuis belle lurette attendait son tour. Il peut aussi arriver que ça soit la fille ou le fils du retraité ou de la retraitée qui prenne sa place. Mais attention, il faut noter que tous les remplaçants ne sont pas forcément des novices du système, en plus ils font partie de ce cercle caste. Généralement, ils sont toujours en formation continuelle dans l'ombre avant qu'ils ne prennent les rênes du pouvoir. Ils ont été bien huilés, bien préparés et bien entraînés pour que le système ne se casse pas. Elles ou ils gardent les choses dans la durée ! Le moment venu ils passeront aussi la main à une autre personne et ainsi de suite. Et c'est exactement ce que font ces trois castes qui sont contre le peuple, j'allais dire contre "NOUS". Mieux vaut ne pas se retrouver dans la gueule d'un requin blanc ! Et de la même façon, mieux vaut ne pas se retrouver dans la gueule d'un des membres de ces trois confréries castes.

La plupart des membres de ces castes sont des psychopathes mégalos qui n'ont aucune capacité de remise en question et tout le monde ferme les yeux sur ce qu'ils font, parce que leurs collègues, leur entourage et la population ont peur au ventre quant à leurs agissements. Elles ont pris en otage toute la province et ont mis en marche des mécanismes depuis quelques décennies et qui entravent des décisions nécessaires pour le citoyen lambda. Le Nouveau-Brunswick est dirigé dans l'intérêt exclusif de quelques-uns et je constate avec amertume que c'est l'entre soi et les milieux financiers qui dirigent aujourd'hui notre province. Leurs petites logiques boutiquières entravent des décisions nécessaires pour le bien commun. Pendant ce temps, le peuple vit dans la grande pauvreté, le sentiment d'abandon, la dépression civique, le décrochage de la province, et c'est l'abîme qui se rapproche.

Cette oligarchie glaciale sans cœur, froide et qui confisque le pouvoir, face à cette élite auto programmée et choisit d'avance, arrogante, mal informée et moralisatrice n'est pas un exemple pour le peuple. Sachez, citoyens, que vous êtes la voix de la majorité silencieuse et que vous pouvez les congédier sans avoir à leur demander la permission. Je vous en veux parce que jamais vous ne l'aviez fait et c'est le miroir de votre faiblesse. Quand un employé ne fait pas bien son boulot il est viré par le boss.

La plupart de ces technocrates qui ont pris le pas sur les politiques dysfonctionnent. Ce sont ceux qui nous gouvernent. Ils sont partout. Ce sont des décideurs qui ont cessé de penser et se préoccupent à longueur de journée d'une chose : la gestion. Ils n'aiment pas travailler pour les pauvres, mais ils adorent travailler pour les riches, ils ne comprennent pas le peuple et ne veulent pas le connaître parce que leurs inté-rêts passent avant toute chose. Ils restent sur des schémas de pensée et sur des valeurs qui sont dépassés. Ce sont des tech-nocrates à la pensée "lilliputienne", un club qui est très fermé.

Joseph E. Stiglitz dit dans son livre *Peuple, pouvoir et profits* que : *"...les entreprises aux USA sont devenues tellement énormes qu'elles grugent leurs clients parce qu'elles les surfacturent, corrompent les gouvernements, les élus. Ces entreprises achètent littéralement les élus et elles écrasent la concurrence...il ajoute on est plus en démocratie et on est plus dans une économie de marché"*. Ce qu'il dit ne fait pas marrer quand on le lit, mais c'est de la "pure" vérité et c'est exactement ce que nous vivons dans notre société quand certaines "castes oligarchiques" contrôlent tout notre système économique. Personne ne dit rien de peur de faire face à un gros mur de béton et par peur de perdre son emploi, son business, son élection et j'en passe. Il vaut mieux se taire que d'oser critiquer ou de parler des faits qui existent. Nous ne devons pas, comme peuple, laisser encore et encore des logiques d'argent acheter nos consciences. Celui qui sait bien garder sa conscience est une personne intelligente et libre, un juge infaillible. L'écrivain Ariel Regev disait : *"Quand on achète la conscience c'est qu'Il n'y a pas de conscience"* et Albert Einstein dira : *"Ne fais jamais rien contre ta conscience, même si l'État te le demande"*

Ils sont ministres, élus, maires...bref des élites politiques et à quoi sert la compétence si elle est conjuguée avec le manque de courage et le manque de patriotisme face à cette oligarchie *"dominatrice et requin"*. Ils ont trahi le peuple et nos élus. Ne sont-ils pas des lâches ?

Les méthodes de gestion de ces trois castes sont dangereuses et égoïstes. Le peuple est dans les oubliettes, pas de consultations quand il s'agit des décisions politiques à prendre, on décide et on fait ce qu'on veut. J'ai parfois le sentiment que nos élus provinciaux en place arrivaient en disant : Nous, on sait ce qui est bon pour vous et on va le faire. Rien de différent des États qui sont à caractère dictatoriaux où seul le dictateur a la pensée unique. Il faut l'écouter sinon ça va mal.

Savez-vous que les pauvres ne contestent pas parce qu'ils sont formatés pour garder le silence et ils pensent qu'on les doit toujours. Ils sont des laissés-pour-compte et ne disent jamais rien et pourtant nous sommes en démocratie. Une maxime dit ceci : *"Opprimer le pauvre, c'est outrager celui qui l'a fait"*. Mais qu'est-ce qui fait qu'on a la peur au ventre quand il s'agit de parler des problèmes qui nous concernent ? Sommes-nous dans une sorte de déni et de psychose peureuse qui nous invitent à voir la réalité en face? Attendons-nous une sorte de Messie libérateur qui viendra au sein de nos communautés nous injecter une dose de courage, une prise de conscience et d'une prise de parole publique pour qu'on sorte enfin de nos prisons d'insensibilité et qu'on soit capable d'attaquer des problèmes de fonds qui minent notre société et enfin à avoir du "Real Talk"?

Nous avons arrêté de poser de vraies questions et c'est la raison pour laquelle nous ne sommes que des suiveurs et non des leaders. Quand on arrête de poser de vraies questions c'est qu'il y a un sérieux problème d'intelligence. Albert Einstein disait : *"L'important est de ne jamais cesser de poser des questions. Ne perdez jamais une sainte curiosité"*. La chose la plus importante est de ne pas s'arrêter de s'interroger. La curiosité a sa propre raison d'exister. Et si on ne le fait plus, on risque de tomber dans la stupidité sans le vouloir, bien sûr.

Il y a une chose pour laquelle on peut être en accord : Notre cerveau est fait pour trouver des solutions et c'est un outil formidable. Mon épouse a souvent dit à nos trois beaux enfants que la tête n'est pas une caisse à résonance magnétique, ni un morceau de savon, une boîte de sardine et non plus une boîte en bois. Elle est faite pour réfléchir et poser de bonnes questions. L'idée est de penser et de réfléchir et non de tomber dans le piège du défaitisme.

Le cerveau est capable de trouver des solutions à tous nos problèmes ou difficultés. Nous avons une fonction incroyable dans notre cerveau qui est notre imagination. Imaginons un Nouveau-Brunswick qui retrouve sa liberté et sa souveraineté. Le peuple qui se complait du peu sans oser lever son petit doigt est un peuple mort. Il est temps qu'on se réveille pour faire avancer des choses.

Vous remarquerez avec moi que ces trois amis que j'ai cités plus haut travaillent sans relâche main dans la main pour leurs intérêts communs et ils sont devenues au fil des ans de vieux copains inséparables et je dirais incontournables. Si tu touches à un maillon de la chaîne c'est l'ensemble du maillon qui est affecté et je t'assure qu'il y aura des représailles. A les voir faire, tu vois que le mécanisme est bien huilé depuis belle lurette. Quand un s'en va ou quitte le bateau, il est automatiquement remplacé par son copain. Ce groupe ne chôme pas du tout, il tient des ficelles de la basse échelle à la dernière marche de celle-ci. On dirait qu'ils se sont bien entendus entre eux pour faire un ''deal à la Don Joan''

Le programme de ces trois copains castes indéboulonnables est clair : s'aligner sur l'agenda des oligarques, faire le jeu du gouvernement fédéral et enlever au Nouveau-Brunswick tout ce qui lui reste de souveraineté et tout ce qu'il possède comme ressources.

Quant à la politique économique de notre province, elle est presque intégralement entre les mains de quelques personnalités fortunées qui s'en servent pour imposer leur idéologie et les élus au pouvoir n'ont pas grand-chose à dire. Ils subissent constamment des pressions et s'ils contestent et bien ils savent très bien qu'ils vont perdre le pouvoir. Alors, au lieu d'aller à contre-courant contre le '' *Géant aux pieds d'argile*'' mieux vaut se taire et sauver son "pain" que j'appelle ici son salaire. Moi d'abord et pour les autres je m'en fous. Et tout ça démontre à quel point la classe politique est taiseuse sur de vrais enjeux de notre société. La réalité saute au visage : notre province est dans l'impasse et les nuages noirs s'amoncellent à l'horizon. L'inflation, l'appauvrissement des classe moyennes, le délitement de nos services publics, le tout dans un climat de dettes folles et de décrochage de notre économie.

Le politique est élu pour représenter son peuple et non son ventre ni les oligarques et aussi pour défendre de vrais projets de société qui vont dans le sens commun de sa communauté. Mais parfois c'est le contraire qui se fait parce que le politique en général n'aime personne sinon "LUI". Il travaille fort pour se faire élire ou être réélu au profit de son moi. Il ne représente pas sa circonscription mais sa propre personne. Nous sommes parfois abasourdis de voir que le citoyen lambda au 21ème siècle ne s'intéresse plus à la politique, ne respecte plus les institutions étatiques, ne croit plus à la démocratie par le vote. Enfin, le citoyen est devenu réfractaire à l'idée de se prononcer sur un quelconque sujet qui regarde notre démocratie. Quand il voit le politique faire et il se dit : je vous connais et je ne suis plus dupe, Finis le mensonge, les bonnes paroles; tant que votre parole n'est pas accompagnée d'actes véridiques et d'honnêteté ce ne sont que des conneries.

La sociologue Monique Pinçon-Charlot dit ceci : *"La force des oligarchies est de multiplier les instances de coordination de leur rouerie et les rouages du fonctionnement de cette classe. Elles ont de multiples cercles et Think tank. La collusion des membres des castes oligarchiques de grandes familles. Les journalistes ce sont de nouveaux chiens de garde de cette grande bourgeoisie, ce qui veut dire théorie de la domination avec plus de richesse économique, plus d'argent. Une classe sociale extrêmement hétérogène et comment se fait-il qu'elle forme une classe au sens marxiste du terme qu'elle soit mobilisée pour défendre ses propres intérêts ...le portefeuille des relations sociales des membres de cette classe est bien garnie. Si vous êtes invité à dîner avec eux, il n'y a autour de la table que des gens importants dans les différents secteurs de l'activité économique et sociale (ministre, haut fonctionnaire, un inspecteur de finances, un procureur de la République, un industriel, évêque...) Dans la grande bourgeoisie, ils sont toujours dans les cumuls de richesses et d'énergies. Le vote est tellement manipulé, construit par cette oligarchie avec les instituts de sondages...Pourquoi les milliardaires investissent-ils dans les instituts de sondages et médias ? Si ce n'est pas pour nous traficoter les cerveaux obtenir contre notre propre gré en plus d'aller dans telle ou telle direction... Si les citoyens se font manipuler par les instituts de sondages, s'ils n'ont pas un esprit critique,* une autodéfense intellectuelle, il le mérite...Et s'ils se complaisent dans cette douce torpeur. La violence des classes, des richesses ...elle se matérialise par une force collective mobilisée dans la défense de ses intérêts ...et de la destruction des peuples" - Aimer son pays, ce n'est pas le détruire, le déconstruire, mais le reconstruire.

Et voici ce qu'un prof dit en plein cours de droit à ses étudiants : "Un professeur de droit a demandé à un étudiant : Comment vous appelez-vous ? L'étudiant a répondu, alors le professeur l'a expulsé sans raison. L'étudiant a essayé de se défendre, mais le professeur l'a chassé et l'a fait sortir de la salle de conférence. L'étudiant est sorti sentant l'amertume de l'injustice devant le silence de ses collègues. Puis le professeur a commencé la conférence et a demandé aux étudiants : Pourquoi des lois ont-elles été établies? L'un des étudiants a dit : Pour contrôler le comportement des gens. Un autre a dit : Jusqu'à ce qu'elles soient appliquées et un troisième a répondu: Pour que le fort n'opprime pas le faible! Le professeur a dit : Oui. Mais ce n'est pas assez. Une étudiante leva la main et répondit : Jusqu'à ce que la justice soit rendue! Le professeur a dit : Oui. C'est la réponse. Pour que la justice prévale! Et maintenant. A quoi sert la justice ? Un étudiant a répondu : Pour que les droits soient préservés et que personne ne soit lésé. Le professeur dit : Maintenant, répondez sans crainte. Ai-je fait du tort à votre collègue quand je l'ai viré ? Et ils ont tous dit : Oui. Le professeur dit, en colère : "Alors pourquoi vous n'avez rien fait... ? Á quoi servent les lois si on n'a pas le courage de les faire respecter ? Si vous gardez le silence quand quelqu'un est victime d'injustice et ne défendez pas le droit, vous perdez votre humanité, et l'humanité n'est pas négociable. Enfin le professeur a appelé l'étudiant expulsé et lui a présenté ses excuses *devant tous les étudiants et a dit : C'est votre leçon aujourd'hui, et vous devez l'accomplir dans votre communauté aussi longtemps que vous vivrez... Bonne journée à tous !"* - (Inconnu)

" Le monde est dangereux à vivre ! Non pas à cause de ceux qui font mal, mais à cause de ceux qui regardent et laissent faire" – (Albert Einstein)

Quant à moi, je trouve que nous sommes un peuple *"Nono"* qui manque une qualité rare celle de la dissidence et j'entends ici le <u>COURAGE</u>. Nous craignons constamment d'aller à contre-courant quand il le faut. Richelieu disait : *"...Il faut gagner la rive comme un rameur en lui tournant le dos"*. Nous avons souvent donné notre dos au profit de ceux-là qui nous maltraitent et contrôlent tout, dans tous les sens du mot. Et c'est la raison pour laquelle nous n'avons jamais été capables de gagner la rive.

Les citoyens du Nouveau-Brunswick doivent se décongeler et demander l'inventaire aux élites politiques qui nous ont mis depuis des décennies dans une sorte de bourbier inextricable, rien ne fonctionne plus. L'État a dégradé tout ce à quoi nous étions attachés. Il faut faire tout l'inverse : se centrer sur les vrais défis de la province pour lui permettre de retrouver son énergie, et sa condition indispensable. Il faut l'audit de l'état des comptes de la province. Quand vous quittez un logement, l'état des lieux vous le faites avant ou après. Ce sont des *"clown"* qui depuis 50 ans et plus ont produit des catastrophes : sanitaire, environnementale, économique, délocalisation, mondialisation, et le peuple n'est pas dupe. Il sait tout, même s'il ne lève pas son doigt pour contester.

Nous avons besoin comme peuple d'être <u>AGILE</u> et <u>HABILE</u> face à cette élite qui fait le ronron au quotidien. Si Steve Job qui est partie de rien a pu réaliser autant de choses jusqu'à devenir multimillionnaire, c'est parce qu'il a été agile et nous pouvons également le faire et ce n'est pas impossible. Pour que les choses arrivent il faut bouger nos "ASS" comme disent nos amis anglophones et changer de paradigmes. Comme disait l'autre : *''Si tu veux, tu peux, et si tu peux, tu veux''*. Je pense que c'est toujours indispensable de se remettre en question pour aller chercher au fond de soi un souffle nouveau. Le politique en cette période de crises sanitaire et économique a besoin d'un nouveau souffle et c'est indispensable plus que jamais. Ce dont il est question, c'est moins de sauver un parti que de sauver la province. Le vouloir est un pouvoir énorme et puissant qui n'a pas peur, qui croit, qui a la foi, qui fonce, qui respecte l'autre, qui regarde en avant et jamais en arrière, qui bouge les lignes, qui attire les foules et gagne tous les combats et les toutes causes...

Le peuple a le pouvoir de congédier ses élus sans avoir à leur demander la permission et une des meilleures façons pour le faire est d'aller voter pour les prochaines élections et barrer la voix à ces élites moralisatrices, ces marchands de peur et ces colporteurs de calomnies.

La doctrine des trois castes est: l'entre soi ce qui veut dire qu'elles ne veulent jamais voir, le peuple émerger, seulement un petit groupe de leur entourage. Et cet entre soi est essentiel à la mobilisation de la défense de leurs propres intérêts. Il faut qu'ils soient entre eux pour garder le lien fort qui les unit. Il faut qu'ils soient entre eux pour éviter les mésalliances. Il faut qu'ils soient entre eux pour construire ce sentiment d'impunité...Leur violence, empêche les plus démunis de se projeter dans l'avenir, et de ne pas pouvoir anticiper les générations suivantes. Cette violence crée ce que j'appelle des personnes victimaires de la société. Cette violence tue les projets, la projection pour l'avenir, le social, la famille, l'amour, l'amitié, voire votre humanité, votre altruisme et aussi votre futur. Ces castes sont habitées par un sadisme sacrificiel qui ne laisse personne indifférent.

Elles ont aussi une capacité de couardise pour garder le pouvoir coûte que coûte peut-être parce qu'elles craignent la mutinerie. J'entends ici un soulèvement du peuple. Le rôle de ce groupe est de tenir le guidon et les ficelles de la province entre ses mains. Rien n'est supposé l'échapper, il faut qu'il contrôle et dirige tout, bref tout pour eux, rien pour les autres. Tel est leur leitmotiv.

Cette classe sociale à part entière arrive avec la complicité des politiques à transformer ses intérêts privés en intérêt général. Et en filigrane, ça devient la loi alors que c'est leur loi. En plus, leurs droits deviennent le droit. Elles ont une violence de classe à travers le monde du travail et je parle ici de la délocalisation en plus de la mondialisation vers des pays où la main d'œuvre est sous exploitée. Le but principal est de déplacer une partie ou la totalité de leur production vers les pays émergents. La logique du capitalisme repose toujours sur la logique de la maximisation du profit partout où c'est possible à l'échelle mondiale. Les entreprises délocalisant ont pour volonté l'abaissement des coûts de production. Cette délocalisation cause la destruction d'emplois et entraîne logiquement le chômage de masse.

Ces castes ont réussi le savoir-faire parce qu'elles maîtrisent les codes. Comme le dit Juan Branco : *''Elles font les lois et elles ont construit un système dans lequel tout est légal ou*

d'apparence légal qui va leur permettre d'accaparer les privi-
lèges et mettre en place des politiques publiques qui vont aller
à l'encontre du bien commun. Enfin, pour s'assurer que leur po-
sition restera installée".

Depuis des décennies, ces trois castes paraissent en vibration et elles agissent en force tous azimuts. Elles ne sont-elles pas l'état profond de notre province ? La vraie question est celle-ci, quel est son rapport à la démocratie, à la souveraineté, à la nation, à la dictature, au peuple, avec nos gouvernements ? Ces trois amis que je nomme castes ne sont-ils pas contre l'<u>État</u>, contre la <u>Nation</u> et pire encore, contre le <u>Peuple</u> qu'elles sont supposées représenter... J'allais dire contre notre Souveraineté ? Elles sont contre la volonté populaire et les intérêts supérieurs de la Nation. Je pense que c'est le monde des dieux et des immortels que je nomme ici un (*supramonde*) qui agit non pas pour nous, mais contre nous, en se servant de ses rouages humains et institutionnels par l'activation des agents doubles qui sont placés au cœur du système gouvernemental qui ne sont autre que, bureaucraties, institutions, médias, monde politique et affaires, appareils judiciaires, monde des sectes comme la franc-maçonnerie et j'en passe....

Leurs méthodes sont comme celles utilisées par Poutine en Russie pour contrôler et opprimer son peuple de façon discrète et très subtile. Et comme le dit Caroline Galacteros une ancienne diplomate française : *"Ils sont parfois même tenus pour de grands serviteurs de l'État. Pourtant, ce sont des vers dans le fruit, des termites aux allures de vers luisants qui lentement mais sûrement, avec la sérénité des grandes machines sûres de leur impunité collective, dénaturent, grignotent, détruisent la conscience même de notre souveraineté. On*

*les fabrique au cœur même de notre propre haute administra-
tion d'État"* Ils sont au cœur d'un système aux comportements très ambigus et variés. Et comme je l'ai mentionné
plus haut, ils sont de véritables psychopathes.

Tous s'accordent pour dire que les ramifications de l'État
profond agissent non plus pour le bien de la province, mais
contre l'État, contre la Nation et pire encore, contre le Peuple
et sa souveraineté. Il faut à un moment donné briser cette
étreinte impériale ou impératrice et faire barrière au
Royaume des pions dont l'ultime conviction est l'intérêt de
carrière et non celui de la population qui subit et ne dit jamais rien. C'est ce que je dénonce dans ce livre

Le mutisme de notre population en dit long sur des questions aussi importantes qui minent, délabrent notre société
comme exemple : le Pass sanitaire ou Pass vaccinal, le pouvoir d'achat, la pauvreté, l'écart qui continue de se creuser
entre les riches et pauvres, le bilinguisme, les grands projets
de société, l'avenir du nord de la province, l'avenir de nos territoires ou collectivités locales, le pouvoir d'achat, les inégalités sociales, l'inflation, une société à géométrie variable
entre les anglophones et francophones, les discours creux
des politiques et qui sont remplis majoritairement de fausses
promesses. Il y a moins d'intellectuels dans la vie politique,
le langage glandu qui est souvent utilisé par nos élites politiques dans certains cas de figure comme : il fait beau, j'ai bu
quelques bières avec des chums, nous avons joué au golf, je
vais manger le homard et le "blé d'inde" avec mes anciens
camarades et puis nous irons faire du "trail" avec nos bons
amis. Ça va brasser ce soir...Yahoo! Je suis désolé, ce style
oratoire pathos ne porte pas de fruits dans l'opinion publique. Les citoyens veulent du concret et non du superficiel.

Ils veulent des gens vrais qui sont proches du peuple et qui leur parlent au cœur. Il n'y a pas grand-chose dans les conversations qui fait réfléchir et qui pousse à se questionner sur comment améliorer la vie de nos concitoyens ou comment changer les choses dans le sens large du terme. Comme disait Raymond Devos : *"Quand je n'ai rien à dire je veux que ça se sache"*. La liste est bien loin d'être exhaustive...

Bertolt Brecht disait : *"...de qui dépend l'oppression, de nous, de qui dépend-il que cette oppression cesse, de nous"*. Peuple, savez-vous que l'histoire est toujours écrite par des vainqueurs. Nous sommes des vainqueurs et le moment est venu d'écrire notre propre histoire, la vraie histoire. Elle sera différente de celle que les élites politiques écrivent depuis belle lurette. La leur est fausse, la nôtre ne sera pas masquée parce que nous sommes des gens du peuple et surtout le peuple.

Comme peuple, nous avons tous les pouvoirs, c'est vous qui faites tourner et fonctionner l'économie réelle, c'est vous qui êtes les plus nombreux, et comment vous vous laissez années après années être : méprisé, ridiculisé, contrôlé, oppressé, opprimé, ensorcelé, esclavagisé, déshumanisé, torturé, insulté depuis des décennies par ces trois petites castes qui se sont accaparées avec le système capitaliste toutes les richesses et pouvoirs. L'écart de perception avec le réel est tellement ahurissant, le peuple que vous êtes a été trahi. Arrêtez d'être leurs pigeons ! Il faut à un moment donné gagner ce combat sinon vous allez rester terrés chez vous en étant incapable d'arrondir les fins du mois comme c'est déjà le cas pour plusieurs d'entre vous, années après années. À la longue il vous sera très difficile d'offrir ne serait-ce qu'un cadeau à votre enfant et c'est le cas aujourd'hui avec l'inflation qui suce nos petites économies comme une sangsue. De facto, vous devez vous protéger de ces sangsues politiques en portant des chaussettes anti-sangsues, afin de vous protéger des morsures de politiciens. Pour que les choses changent, il faut une mobilisation provinciale, elle commence par les urnes et c'est la démocratique qui doit parler. Le vote contre les politiques va transformer en profondeur notre échiquier politique. Comme disait Clemenceau, un vendéen, *"La victoire est toujours pour celui qui tiendra plus longtemps que les autres"*. Il faut qu'on leur dise *"Y'en a marre"* comme dit le slogan du mouvement populaire-citoyen sénégalais créé en janvier 2011 par un collectif constitué de rappeurs, de journalistes et d'étudiants. Le ras-bol populaire est bien présent dans la sphère de notre société et vous devez faire entendre votre indignation qui perdure depuis des années face aux problèmes socio-économiques et politiques que vivent nos populations. Il faut sortir du laxisme ambiant qui caractérise le peuple du Nouveau-Brunswick en général, une attitude qui consiste à croire que les problèmes vont se résoudre d'eux-mêmes ou par la providence. Il est temps d'agir. Napoléon Bonaparte disait ceci : *"La force d'une armée, comme la quantité de mouvement en mécanique, s'évalue par la masse multipliée par la vitesse"*. Pour moi cette armée dont parle ici Napoléon Bonaparte est la masse critique et le rapport de force que nous devons tous exercer sur nos élites politiques, afin que les choses bougent et changent. Il faut peser dans le débat, ensuite aller trop vite et cesser d'être narcissique sans aucune volonté de changer les choses. Aucun individu ne peut le faire seul parce que le combat est rude, mais collectivement et dans la discipline, oui nous pouvons remettre les pendules à l'heure, il faut une nouvelle coalition. Sachez que vous êtes une armée puissante. Un peuple fort quand il décide de faire de grandes choses (*urnes, grèves, marches pacifiques, dénonciations, collectif citoyen, médias sociaux, rassemblements citoyens...*). Vous pouvez gagner n'importe quel combat à condition de ne pas être disparate, mais restez focalisés sur le but à atteindre. Cela ne peut arriver qu'avec la création d'un nouveau mouvement. Face à tous les maux il y a de quoi se sentir déboussolé et perdre les repères. Il y a un impératif qui se dessine à nous de la saisir, celui de changer la vie politique. Notre système démocratique souffre et nos institutions sont devenues malades. Nos élites inspirent un désenchantement général. La désillusion à l'égard des partis politiques a poussé les citoyens à dire qu'il faut se passer d'eux parce qu'ils ne leur apportent plus grand-chose depuis longtemps.

Les mouvements progressistes ont toujours eu l'art de partager une vision d'une société meilleure, avec plus d'égalité et la chance est donnée à tout le monde. Ce qui est triste c'est que ces mouvements sont parfois en conflit les uns avec les autres. Quand vous observez tous ces différents mouvements, vous découvrez qu'ils sont dans l'ensemble complémentaires, ce qui veut dire qu'ils n'ont pas de choix que de travailler ensemble s'ils apportent des changements escomptés.

Ce qui motive des jeunes à participer à la vie politique présentement, ce sont des mouvements qui défendent des causes. Certains groupes de jeunes ont des engagements divers comme : le droit des femmes, l'environnement, le logement, l'égalité économique des chances...Vous savez les politiques sacrifient certaines couches de la population. Tous ces mouvements seront plus efficaces s'ils travaillent en synergie et s'ils font cause commune. Vous savez, ces mouvements ont une population nombreuse que la somme des quatre partis de la province. Les mouvements ont la capacité de stimuler la prise de conscience et susciter un grand mouvement de soutien.

Pour certains citoyens, ils sont des habitués du système, ils vivent au crochet du système et ils adulent le système parce que ça leur rapporte gros en termes de pognon. Mais ça ne peut plus continuer de cette façon. Quelque chose doit être faite afin de retrouver notre <u>SOUVERAINETÉ.</u> Il est urgent et important de reprendre la parole. Cette province nous appartient, certainement pas à ces trois castes qui nous écrasent depuis des décennies parce que nous avons perdu cinq de nos forces : notre <u>Identité</u>, notre <u>Fierté</u>, notre <u>Économie</u>, notre <u>Patrie</u> et notre <u>Souveraineté</u>. Et quand une nation perd ces cinq forces, tout s'écroule. Nous avons perdu l'enthousiasme, il n'y a plus d'espoir, nous avons perdu la bravoure, l'énergie et la créativité. C'est à vous de faire des choses, tous unis main dans la main.

Nous avons besoin d'une mouvance citoyenne qu'on peut mener vers le haut. Plus de cinquante ans qui nous divisent à travers des partis politiques, la langue, la couleur de notre peau, les inégalités sociales, la pauvreté, riches et pauvres, minorité visible, amérindiens et blancs. Ça suffit! Nous avons la manette entre nos mains et cette manette on là : la démocratie par les urnes, le pouvoir du peuple etc. La "règle des 3,5 %" : comment une petite minorité peut changer le monde. En examinant des centaines de campagnes au cours du siècle dernier, Erica Chenoweth est une politologue, elle a constaté que : "*... sur plus de 300 mouvements des 100 dernières années,*

(...) les mouvements non violents ont deux fois plus de chances de réussir que les mouvements violents. Et bien que la dynamique exacte dépende de nombreux facteurs, elle a montré qu'il faut environ 3,5 % de la population participant active-ment aux manifestations pour assurer un changement poli-tique sérieux"[4]. Le Nouveau-Brunswick a une population de 800000 x 3.5 : 100 = 28000 personnes qu'il faut pour faire fléchir le gouvernement et d'assurer des changements poli-tiques sérieux si je tiens compte du raisonnement de Erica Chenoweth. Est-ce faisable ? Je dis oui, il faut un réveil et ça passe par la prise de conscience.

L'abstention c'est une arme par destination contre la dé-mocratie, contre la province et les valeurs de cette province. Nous avons besoin d'une <u>PANIQUE POPULAIRE</u> qui peut aussi entraîner une <u>RÉACTION POLITIQUE</u>. Parce que nous sommes forts, courageux, capables, intelligents...nous de-vons défendre nos valeurs. Nous devons mener ce combat jusqu'à la victoire. Sachez que c'est une affaire de tous. Cette mobilisation que nous devons construire ensemble. Elle va contre toutes ces lois liberticides qui nous mènent vers le bas et le désastre avec plus de contrôle. Nous gagnerons tous à être unis et pas en nous divisant les uns contre les autres. Ne soyez pas la honte de cette province...

Enclenchez le pas! Enclenchez ! Et mettez-vous en marche pour faire quelque chose. Vous pouvez commencer à organi-ser des rassemblements citoyens chez vous et invitez les ci-toyens à discuter et à ne pas se disputer mais à enrichir le débat citoyen pour des changements à venir. Ce combat nous devons le mener avec nos tripes vers le haut. Mais attention,

---

[4] https://www.bbc.com/future/article/20190513-it-only-takes-35-of-people-to-change-the-world

gagner la bataille des idées ne suffit pas, mais il faut rentrer dans l'action et il faut y aller pour changer les choses, mes amis c'est MAINTENANT!

Vous savez, tous les puzzles basculent en leur faveur. Souvenez-vous des paroles prononcées par Warren Buffet en 2005 ...elles sont intitulées : ''*Nous sommes dans une guerre de classe, c'est nous les riches qui la menons et c'est nous qui sommes en train de la gagner*". Les mots que Warren Buffet utilise ici sont forts, et ça démontre que nous sommes dans une société à géométrie variable. Les riches avec les riches et les pauvres avec les pauvres. Notre société se dessèche depuis longtemps, les écarts et les inégalités continuent de se creuser.

Le sociologue Camille Peugny disait dans les Chemins de la précarité qu'au *cours des trois dernières décennies, la précarité gagne du terrain. La montée des incertitudes qui accompagne la "grande transformation" du capitalisme industriel dans les années 1970 se traduit par la précarisation d'un nombre grandissant d'individus et de groupes jadis relativement protégés. La pauvreté, cantonnée durant les Trente Glorieuses aux marges des sociétés d'abondance (personnes âgées, individus marginaux), gagne désormais des segments intégrés de la population. Elle s'étend parmi les jeunes, les familles monoparentales, les travailleurs pauvres, ou encore les chômeurs de longue durée privés d'indemnisation. Le chômage de masse et la fragilisation continue du contrat de travail (apparition des contrats à durée déterminée à la fin des années 1970, l'essor de l'intérim à partir de la fin des années 1980) sont susceptibles de faire basculer des existences dans des formes de précarité durables ou temporaires. Dans ce contexte, encore ac-*

centué par la crise économique de 2008, la peur du déclassement devient un phénomène massif' et à Philippe de Villiers un homme politique français de dire: " *Le principe des communautés dans le passé... quand une personne glissait au fossé il y avait la main tendue, c'était le voisin, le frère, la sœur, l'oncle, l'instituteur, longtemps après ce fut le maire et encore longtemps après l'État. Maintenant la société a fabriqué un hybride : le solidaire, solitaire. On lui balance une prestation au fossé...ferme la et tu bouffes dans le meilleur des cas. Cette relation abstraite de celui qui est dans le besoin et la puissance publique a pour conséquence une société qui se dessèche*''. Eh oui ! Je constate comme vous que notre société se dessèche.

Nous devons renverser la tendance et faire échouer les pronostics de ces trois castes mentionnées en haut. Il faut leur dire que ça ne marchera plus! Mais pour que cela se réalise, il faut se mobiliser et ça passe par la résistance ensuite avoir une unité solide au-delà des mots, divisions, égos, orgueil... afin de sauver notre belle province qui est dans la détresse et dans l'impasse avec une économie qui est constamment sous perfusion.

Le temps n'est plus au déni, notre économie souffre énormément. L'endettement des familles ne fait qu'accroître et le pouvoir d'achat n'est presque jamais au rendez-vous et les inégalités se creusent de plus en plus. L'immobilisme est devenu notre ''statu quo'', mais la situation économique est très grave et ça demande du courage. Nous n'avons pas d'autres choix que reprendre en main notre économie et baisser totalement la dette parce que le système actuel ne marche pas et ça nous appauvrit, ça nous attriste, ça fait fuir nos jeunes vers d'autres provinces. Pour que ce changement arrive en profondeur, nous avons besoin d'un État fort. Depuis la nuit des temps, notre province a toujours été malade et c'est un gigantesque corps malade. Plusieurs parties de ce corps souffrent énormément. Il n'y a pas une partie qui fonctionne correctement, tous les pans de la société sont en lambeaux : le système de santé ne fonctionne pas comme il le faut, l'économie est toujours à plat, le pouvoir d'achat n'est jamais au rendez – vous, les inégalités ne cessent de se creuser entre riches et pauvres, la crise environnementale, le chômage, nous avons le smic le plus bas de toutes les provinces - la dignité et la décence c'est le salaire minimum etc. Ensuite, la défiance des citoyens envers leurs institutions et le système de gouvernance. Et c'est la raison pour laquelle les abstentionnistes sont nombreux et en même temps exaspérés de la "poutine" politicienne. Les néo - brunswickois attendent que le pont-levis descende entre le château où se rassemblent les politiques et les territoires afin de remédier aux problèmes sociétaux. Il faut une remise à plat de la province pour qu'on aille vers une nouvelle direction consensuelle acceptée par les citoyens. Les populations qu'elles soient rurales ou urbaines doivent nous dire ce qu'elles attendent de leur État. Ensuite, il nous faut une nouvelle respiration dans le vivre ensemble et un nouveau contrat social.

Notre souveraineté comme peuple est en jeu et si nous continuons à faire fi, on va de mal en pis et nous allons davantage dans le mur. D'autres vous diront que c'est trop tard, mais il n'est jamais trop tard. N'oublions pas qu'il n'y a pas de problème sans aucune solution.

Il n'y a rien de nouveau sous le soleil, et la fameuse pandémie COVID – 19 a montré notre côté négatif de surdoués loosers et c'est devenu notre deuxième nature que nous avons adoptée et adaptée. Car nous sommes une province ''acéphale'' comme une peau morte qui reste collée sur notre corps et à un moment donné il faut qu'elle quitte. Ce que j'entends par peau morte c'est : notre manque de patriotisme, notre manque d'amour pour la province, notre manque d'amour pour nos deux langues, nous sommes taiseux, nous avons capitulés, nous manquons de courage pour avoir du ''Real Talk'', nous sommes défaitistes, pessimistes, nous manquons de visions pragmatiques, et enfin pas de projets de société pour les dix et vingt années etc. Nous avons choisi de nous taire, et nous nous sommes enfermés dans des tiroirs qui sont bien scellés et bien ficelés au lieu de faire face aux problèmes qui nous concernent tous. Qui nous sortira de cette noirceur dépressive afin que les écailles tombent de nos yeux pour voir ce qui nous échappe? Je veux dire sortir de cette torpeur que j'appelle prison. Personne ne peut le faire ni les bulldozers.... Seule une volonté collective et une unité solide pour réussir à renverser la tendance et c'est que j'appelle reprendre notre <u>SOUVERAINETÉ</u> entre nos mains comme peuple. Et le Peuple c'est Vous, c'est moi et c'est Nous !

Je vous compte une anecdote. Tous les jours, la COVID-19 apporte son lot quotidien de problèmes : morts, inquiétudes, soucis, affaissement sociétal et économique, contrôle des populations, le déclassement, arrêt de certaines économies, problèmes de santé mentale, divorce, questionnements pour un avenir incertain, un outil brutal de transformation accélérée du capitalisme.... Que nous soyons d'accord ou pas, ce diagnostic ne nous échappe pas et moins que jamais. Tout ceci a un impact direct sur votre vie et sur votre activité. Ailleurs, plusieurs citoyens se mobilisent et se battent pour leurs droits et libertés fondamentaux pendant ce moment, nous ici sommes taiseux comme l'oiseau marabout qui n'attire pas l'admiration. Je suis inquiet parce que je ne sais pas où on va avec cette épidémie. La question que je me pose est celle-ci: allons-nous construire davantage de murs à la "Trump" entre pays à chaque fois qu'il y a un nouveau variant? Nous avons assez de tous ces murs qui ne règlent aucun problème, mais aggravent les dissensions entre peuples et nations.

Je suis désolé de vous dire que nous avons "perdu le nord", parce que nous nous sommes désorientés. Selon moi, la réponse qu'apportent nos politiques à cette épidémie est agressive et violente. Ils sont constamment dans la nervosité que pour l'apaisement. Ils nous ont dit que nous allions acquérir l'immunité si tout le monde se vaccine. Et ce n'est pas rationnel de voir nos dirigeants qui après avoir dit de tels propos sont en mode panique à chaque fois qu'il y a une mutation. Les frontières vont être refermées sans tenir compte de l'impact que cela va avoir sur toutes nos sociétés sur le plan : mental, relationnel, travail, famille, finance, psychologique etc. Nos gouvernements perdent la tête et la raison. Nous voyons de plus en plus que nos peuples commencent à abdiquer et à décrocher, parce qu'ils sont fatigués et épuisés.

Savez-vous que les mots ont toujours un sens et les politiques ont joué avec la dialectique pour chercher à nous convaincre de nous faire vacciner. On nous a parlé de la passe sanitaire versus la passe vaccinale. Ce vaccin ne guérit personne et ne nous protège pas contre la maladie. Le mot passe sanitaire crée de l'hystérie alors le mot passe vaccinal apporte l'apaisement et rassure la population. La majorité de la population a accepté de prendre au moins deux doses et la troisième comme un booster. Là aussi il faut saluer la résilience du peuple. On se dirige vers quelque chose auquel les gens ne vont plus adhérer et je crains que ça ne pète. Les gens sont totalement perdus et la réaction qu'apportent les dirigeants de ce monde n'est pas sérieuse. Ce n'est pas sérieux de réagir aussi fort à chaque micro-signal d'une mutation d'un variant et semer la panique au sein de la population qui porte une grosse dose de stress pandémique. Où va-t-on? Je pense qu'on ne va nulle part.

Les gens vont s'en apercevoir que nos dirigeants nous ont niqués par des calculs politiques. Ils nous disent à longueur de journée que la solution est de se faire vacciner et surtout de vacciner la terre entière, ce qui est impossible. Ça fait des décennies qu'on vaccine l'Inde pour endiguer la tuberculose qui tue les gens et on n'y arrive pas du tout.

Nos gouvernements ont l'air benêt face à cette pandémie qui perdure. Leurs réactions sont très anxiogènes, disproportionnées et ils ont semé de l'hystérie au sein de la population qui ne croit plus mais vit dans une sorte de psychose panique. À chaque annonce de la part du gouvernement c'est un tremblement de terre qui fait vibrer le cœur des citoyens. La responsabilité des politiques aujourd'hui n'est pas d'angoisser les peuples qui sont déjà angoissés par d'autres maux qui minent notre société.

Nos gouvernements doivent sortir de ce mode panique de gestion. Il faut que nos gouvernements comprennent qu'on va vivre de façon endémique avec le coronavirus. Beaucoup de citoyens aujourd'hui vivent la pression psychologique, la santé mentale. Nos psychiatres sont extrêmement inquiets et dépassés par des évènements qui s'alignent. Ils sont surmenés …Nos hôpitaux sont en danger avec des services d'urgence qui sont déjà surmenés avec un détricotage du maillage régional. Les maternités se ferment parce qu'il y a un manque criant de médecins dans nos régions. Écoutez, nous sommes quand même en 2022 dans un grand pays le Canada. Certains services d'urgence ferment versus pas d'attractivité. Et avec la COVID-19, les infirmières, infirmiers et médecins partent et le gouvernement a de la misère à recruter. Albert Einstein disait ceci : *''On ne résout pas un problème avec les modes de pensée qui l'ont engendré''*.

Quand on prend une infirmière en psychiatrie et on la met à l'oncologie ensuite à l'urgence c'est chiant et en même temps aberrant parce qu'elle ou qu'il sera démotivé en général elle/il ne va pas bien effectuer son travail et les patients en pâtissent à la longue. Les soignants malheureux sont aussi les patients malheureux. En revanche, il y a un gros problème de crise structurelle qui existe depuis des décennies dans la province comme dans le Canada entier. Des gouvernements arrivent, promesses après promesses, ils partent et c'est toujours le statu quo. Le virus c'est tout simplement le symptôme et une crise de maladie qui est beaucoup plus profonde que les problèmes de nos régies hospitalières. Il faut remettre les soignants aux manettes.

Ne sommes-nous pas capables de s'inspirer des deux mouvements suivants : le printemps arabes (*C'est le geste désespéré qui a mis le feu aux poudres……Dans le centre de la Tunisie, le 17 décembre 2010, Mohammed Bouazizi, jeune vendeur ambulant éduqué, sans perspective et harcelé par les autorités, a déclenché ce qui allait devenir le Printemps arabe. La vague* de protestations populaires s'est ensuite répandue les mois suivants dans cinq autres pays arabes : l'Égypte, le Yémen, la Libye, Bahreïn, la Syrie - En 2011, une vague de manifestations inédite, connue sous le nom de "Printemps arabe", bouleversait le Maghreb et le Moyen-Orient. Des millions de personnes descendirent dans les rues pour défier l'ordre établi, de la Tunisie à l'Égypte en passant par la Libye ou le Bahreïn. Dix ans après, cette édition de Reporters revient sur les origines du mouvement, sa chronologie, ses conséquences ainsi que les leçons qui ont pu en être tirées - Un événement d'une ampleur inédite, une secousse qui a pris de court des autocrates au pouvoir depuis des décennies... Des millions de personnes ont bravé l'interdit, souvent au péril de leurs vies, avec une principale revendication : celle de pouvoir bénéficier d'élections libres, d'une vraie démocratie et du droit de choisir leur gouvernement - Si en 2011, le Printemps arabe était un espoir de liberté pour le monde arabo-musulman, il n'a débouché que sur une seule transition démocratique qui, bien que fragile, perdure à ce jour : celle de la Tunisie.) Les gilets jaunes en France (Apparu en octobre 2018, le mouvement des gilets jaunes a connu son premier acte le 17 novembre 2018. À partir de cette date, tous les samedis, ce mouvement de protestation contre l'augmentation du prix des carburants s'est organisé dans les villes françaises autour de blocages de ronds-points et de manifestations. Au fil des mois, les revendications ont évolué. Les manifestants réclamant pêle-mêle des mesures pour en finir avec la vie chère, la verticalité du pouvoir, les privilèges, plus de démocratie participative (RIC), etc. Face à l'ampleur de ce mouvement, décliné en 53 actes, plus ou moins suivis entre 2018 et 2019, le gouvernement a concédé des mesures d'urgence économiques et sociales, avant de lancer son grand débat national – "Il y a une

Là aussi nous avons vu des citoyens se lever contre les inégalités, la dictature, l'enrichissement personnel de l'argent d'État, les paradis fiscaux, la corruption et j'en passe...Si nos souvenirs sont bons ces mouvements ont fait des choses positives afin d'amener les politiques à prendre conscience des enjeux socioéconomiques et qu'ils considèrent leur revendication. Ces mouvements n'étaient pas parfaits parce qu'il y a eu des débordements. Je ne cautionne pas la violence parce qu'en démocratie la violence n'a pas sa place. Si violence il y a c'est notre expression démocratique qui est celle des urnes. Et c'est de cette manière que nous allons gagner en allant voter massivement pour qu'il y ait des changements à la tête de nos gouvernements. Cessons de dire que les choses ne vont pas changer même si on vote. Prenons le vote au sérieux parce que c'est un outil très puissant que vous ne savez pas utiliser. Demandez aux élus et ils vous le diront en toute honnêteté. Ils craignent ce pouvoir démocratique que détiennent les citoyens, celui du Vote. Ce pouvoir est plus fort qu'une "bombe atomique". Quand ce pouvoir est mal utilisé, il est capable d'élire un chef d'État qui peut détruire son propre peuple par la répression ou d'utiliser d'autres moyens comme une bombe atomique pour rayer de la carte un pays ou une nation. Souvenez-vous de la bombe atomique d'Hiroshima et ses conséquences au Japon (*...Hiroshima raconte l'histoire de la bombe atomique : comment elle a été secrètement mise au point par les États-Unis, la participation de très nombreux scientifiques à son élaboration en pleine Seconde Guerre mondiale et le lancement de cet engin sur deux villes japonaises. ...les effets dévastateurs immédiats de la bombe et les conséquences irrémédiables, à plus long terme, de ses radiations sur la santé des survivants et sur celle, encore, de leur descendance. La destruction d'Hiroshima a montré le terrifiant pouvoir des armes atomiques. Depuis la destruction d'Hiroshima, l'arme nucléaire a changé la face du monde et joue toujours un rôle important dans les relations entre les pays.*). Cependant, je prône des marches pacifiques pour mettre la pression sur nos élus afin qu'ils prennent de bonnes décisions pour le bien commun de la société....

Dans mon entourage, rares sont celles ou ceux qui se questionnent sur des sujets suivants : régaliens, l'avenir, sécurité sanitaire, le PassSanitaire, libertés fondamentales, le droit à notre corps, liberté d'expression, contrôle social, contrôle numérique, discrimination de masse, la société du QR-code, la discrimination, les inégalités sociales etc. Sommes-nous une nation de tarés ou d'analphabètes? Avons-nous une province de ''nonos'' ? On dirait qu'un tremblement de terre de Magnitude : 9,5 MW s'est abattu sur notre province et qu'il n'y a pas de survivants. Alors, si ce n'est pas le cas, est-ce que notre province est un coma annoncé? Je cherche quelques survivants qui sont aptes à se lever et faire quelque chose de positif pour notre province et qui aura un impact pour les générations à venir et pour le bien commun de tous.

La question que je pose est simple, comment bâtir une province de rêve avec de grandes ambitions si nous sommes insensibles, amorphes, taiseux, morbides, défaitistes, en manque de volonté et de courage ? Depuis des décennies nous avons choisi d'être ce que nous sommes et ce n'est pas une surprise pour personne. Les cas les plus récents le démontrent, je parle ici des prix des maisons qui ont explosé dans la province et dans la quasi-totalité du pays et nous sommes restés taiseux. En plus, l'inflation nous torpille et nous fait mal. Une famille sur deux est dans l'incapacité de faire d'aller en vacances aujourd'hui. Il n'y a eu jusqu'à date aucune revendication forte de notre population "nono". Une façon là aussi de dire non à la flambée des prix, et je pèse bien les mots. Nous sommes restés encore scotchés sans rien faire et pendant ce temps plusieurs citoyens ont été poussés à la porte de leurs appartements ou maisons parce qu'ils n'ont pas les moyens de payer un logement à des prix faramineux. Ils se retrouvent dehors du jour au lendemain, soit seuls ou avec les membres de leur famille. Que vont-ils faire? Il n'y a pas eu de soulèvements populaires pour aller contre des décisions qui ne tiennent pas la route. Le gouvernement en profite pour nous rouler de nouveau dans la farine. Il se réjouit de mettre pleins les poches les redevances pétrolières. Si le peuple n'arrive plus à boucler les fins de semaines ce n'est pas leur préoccupation. Pendant ce temps, nos voisins nous regardent et ils disent : s'ils ne sont pas capables de résoudre cette équation et sortir la population de cette misère c'est qu'il y a anguille sous roche et ça sent le roussi. Je suis convaincu à 100% qu'un jour ça va péter - Les prix des maisons montent et les salaires ne changent pas d'un seul iota. Et que fait notre État, rien. Il refuse de réglementer la montée des prix des maisons au profit de quoi, d'un boom économique ???

C'est dans les défis et la souffrance que se forme la sève robuste qui fait un peuple fort. Et c'est quoi notre sève robuste ? Nous n'en avons pas du tout. Depuis la nuit des temps nous avons perdu l'esprit du Nouveau-Brunswick que j'appelle l'esprit patriotique. Nos enfants ne peuvent pas s'identifier à nous et être fier parce que nous sommes devenus au fil du temps les amoureux des ''grottes'' et ''sépulcres'' que je nomme des lieux de refuge dans le but de fuir loin des défis colossaux qui nous guettent. Nous passons quasiment la majorité de notre temps et vie dans ces lieux de refuge, une sorte d'hibernation loin des défis de notre société. Ne sommes-nous pas des lâches? Il me paraît honnête de dire qu'en tant que société nous avons échoué là où plusieurs ont eu du succès. Il ne faut jamais contester ni se rebeller vis-à-vis de nos pouvoirs politiques, parce que le terme contestation rime avec le mot casse-toi. Ce qui veut dire nous sommes bien ici et ne viens pas nous déranger, autour de nous il n'y a pas de problèmes. Les lunettes de notre société que nous portons ne nous font pas voir ce que vous dites. Nous sommes conditionnés à rester pauvre et à être une province qui ne sera jamais riche. Ne connaissez – vous pas notre cher slogan ? : Nous sommes une province pauvre ''*We're are Good Enough*'' !

Depuis nos aïeux les choses n'ont jamais évolué, alors pourquoi tu nous demandes d'essayer. Nous sommes des gens habitués à ce genre de vie et à la douleur et j'allais dire à la souffrance. De toute façon rien ne changera. Nous avons perdu la guerre, la bataille et l'esprit de défaitisme colle sur nous comme un ''sangsue'' alors ne cherchez pas à nous convaincre parce que vous perdez votre temps précieux. Je vous fais une confidence, prière d'investir votre temps ailleurs et ça vous fera du bien mon pot. Albert Einstein disait : '' *Le monde est dangereux à vivre ! Non pas à cause de ceux qui font mal, mais à cause de ceux qui regardent et laissent faire*''.

''*Ceux qui pensent qu'ils n'ont pas de chance nous pouvons en déduire que le subconscient toutes nos pensées en leurs équivalents physiques, celles négatives et destructives comme celles positives et constructives. De là l'étrange phénomène dont sont victimes des milliers de gens : ils pensent qu'ils n'ont pas de chance. Ils se croient condamnés à la pauvreté et à l'échec par une force étrange qui leur semble au-delà de tout contrôle. Ces gens sont les propres artisans de leurs malheurs : leurs pensées noires sont captées par le subconscient qui les transforme en leurs équivalents physiques*'' – (Napoléon Hill)

Nous devons cesser de faire la politique de l'autruche qui consiste à faire comme si de rien n'était. Les autruches enfouissent leur tête dans le sable lorsqu'elles ont peur...Nous nous comportons ainsi lorsque nous traînons des pieds pour régler nos problèmes. Nous sommes défaitistes dans l'âme face aux maux qui minent notre société. Il n'y a pas d'élan de solidarité quant à renverser la tendance. Chacun essaie de tirer sa couverture de son côté au lieu de mettre nos efforts en bloc et accepter d'aller à contre-courant.

La COVID - 19 nous a appris que gagner la fameuse guerre sanitaire contre ce virus qui mute n'est pas une affaire d'un État ou de quelques richissimes hommes d'affaires, mais de tous. Et c'est idem pour la reconstruction de notre province. Il faut une solidarité collective avec une vision claire. Nous aimons voir la situation perdurer. En effet, le changement est inconfortable et nécessite un effort que certains n'ont pas envie de fournir. Pourtant il est essentiel de changer pour avancer et de s'épanouir. Il n'y a pas de soulèvements populaires pour inciter les politiques à revoir leur gestion de la province. À chaque élection c'est le statu quo. Pas de sursaut de courage pour parler des vrais problèmes de fonds qui minent notre société. Et pourtant dans certaines sociétés occidentales de vraies révolutions tranquilles ont pas mal changé le cours des choses et ont poussé les politiques à considérer ce que la population dit. À nous voir cheminer nous sommes comme des moutons qui suivent le "berger" et qui n'ont pas de GPS comme cartographie. Une maxime dit : *"Mon peuple meurt faute de connaissance et là où il n'y a pas de vision les peuples périssent"*

Aujourd'hui, il y a de plus en plus de contradictions entre scientifiques, médecins et politiques au point où le peuple ne croit plus. Ce peuple jadis qui avait fait de la science son petit dieu, et je constate avec vous que c'est le désamour total avec son "Grand Maître" qui est la science. Cela dit : chacun des trois : politique, médecin et scientifique doit connaître sa part de responsabilité. Le politique n'est pas un médecin, le médecin n'est pas un scientifique et le scientifique n'est pas le politique, mais les trois peuvent travailler dans une sorte de synergie pour gagner cette guerre qui ne finit pas. Malheureusement, on voit que l'incohérence devient la norme entre les trois protagonistes! Un ou une dit une chose et son contraire.

Quant à la rue, elle ne décolère pas dans plusieurs pays. Le peuple se sent trahi par ses partisans. Il y a une colère nauséabonde qui pète aux nez des manifestants et ils ne veulent rien savoir du PassSanitaire et de la vaccination. Cependant ils veulent en découdre et remplacer plusieurs gouvernements occidentaux par les urnes. C'est le rejet total de la démocratie.

Je constate comme vous que notre civilisation s'effondre et sa chute est catastrophique. Les valeurs qu'on s'était appropriées ne sont plus là. Tout est rejeté à bloc par plusieurs mouvements citoyens. Le peuple ne se retrouve plus dans ce qu'on lui propose. C'est le règne du mensonge et de bonnes paroles qui ne valent plus rien, de la pensée creuse et vide de sens. Les citoyens sont désabusés de la politique et ils ne souscrivent pas dans les propos et discours des politiques. Je vois des gens sidérés, en colère, malheureux, pas contents dans la province. Ils ont perdu tout espoir et les choses vont de mal en pis. Les gens ont perdu la conscience de vivre dans un même pays et l'espoir qu'ils y trouvent des solutions collectives. On coule et on coule. Depuis des décennies tout est sombre. L'avenir n'augure pas bien.

Fredericton se trompe sur un pouvoir qu'il n'a plus depuis que les trois copains castes minoritaires et invisibles qui contrôlent tout et cohabitent allègrement. Fredericton n'est que l'exécutant de ce qui lui est dicté par des "pions" et il n'a pas de pouvoir pour apporter des changements. Il exécute et fait ce qu'on lui demande sans rechigner ni broncher. Fredericton a les mains liées. Question à dix mille dollars ...Comment délier ces mains qui sont menottées?

- Il faut du bon sens dans la politique publique
  - Une oxygénation de la démocratie
    - Référendum d'initiative citoyenne
    - Proportionnel aux élections
    - Patriotisme économique

Vous savez, depuis belle lurette, l'État a renoncé de lui-même à son autorité. Toute sa superstructure des politiques mises en place depuis la création de la province s'est effondrée et le pouvoir n'est plus dans l'État. Les gouvernements qui se succèdent n'inspirent pas les citoyens. À la limite, ils prennent les mêmes décisions avec une petite différence d'opinions. Il s'enchaîne en croyant contrôler le système dont il est l'otage et c'est lui-même qui la crée. Cet État jadis qui respectait les populations, les a de plus en plus infantilisées et méprisées. Il n'a plus de colonne vertébrale et celle-ci est remplacée par la colonne de "Jelo", il est tétanisé, il est fatigué (*un État fatigué ne se tourne plus vers l'avenir et vers la vie*), il est surmené. Il ne réfléchit plus mais il tâtonne, il ne décide plus comme ce fut le cas avant maintenant il improvise, il n'agit plus mais vacille sur ses jambes. Il est très instable, il est affaibli, il manque de courage, il fait du surplace, il maltraite sa population et le premier pire employeur est l'État.... Respectueux des institutions, il a perdu la face. Les citoyens ne le croient plus. Il est traité sur la place publique avec beaucoup de condescendance et mépris, parce que tout ce qu'il fait rime avec mensonge. La population le crache à la gueule. Il décide sans consulter le peuple au travers de la démocratie directe par référendum...parce que la démocratie représentative est arrimée aux intérêts des "courroies de transmission" ou au système capitaliste et le peuple en a marre.

L'État marche sur nos gueules tous les jours. Il ne partage pas le pouvoir avec le peuple et il ne prend jamais le moindre risque pour faire des choses autrement et au peuple de dire : "*Je ne me reconnais plus dans la représentation*". Écoutez, le peuple est une entité qui est dotée d'une raison intelligente et d'attention, ce n'est pas une foule acéphale et il faut l'écouter et travailler avec lui pour le bien commun. Enfin, il n'innove pas. Il est devenu le spécialiste du copier-coller en faisant exactement la même chose que ses confrères des régimes politiques précédents. Il est habité par la "pensée unique" objet de contestation dans les États dictatoriaux. Quand il parle, personne n'est intéressé à écouter et les élites politiques restent sur des schémas de pensée et sur des valeurs qui sont dépassées. Gandhi disait ceci : *"On reconnaît la valeur d'un peuple à la façon de traiter ses animaux"* - et moi je dis "On reconnaît la valeur de nos élites politiques à la façon de traiter son peuple". Il va sans dire que nos élites politiques ne nous traitent pas avec respect.

Notre élite est dans une sorte d'autisme politique. Elle manque de socio perception c'est-à-dire cette incapacité d'avoir un prisme de lecture avec un spectre large pour être capable d'anticiper la situation.... Nos élites sont déconnectées, idéologues économistes, qui ne connaissent pas leur province mais le néo brunswickois qui travaille tous les jours respectant les règles du jeu en payant ses impôts voit son train de vie se réduire comme une peau de chagrin ou qui s'amenuise. Chaque jour c'est la galère, plusieurs citoyens quittent pour d'autres horizons. Combien de médecins, d'infirmiers qui ont quitté la province? Le besoin du personnel hospitalier est criard et en même temps nous perdons le personnel soignant etc. Quand une nation commence à perdre le personnel soignant, c'est une nation qui perdra pour le long terme : son économie, ses taxes, ses emplois, son pouvoir d'achat, sa prospérité etc. A force de mépriser les gens, de tricher, de se moquer, de mentir, de faire fi aux doléances citoyennes...les politiques ne représentent que leurs petits intérêts, ils ne font que de la combine. Face au peuple, tous sont devenus des ''Has-been''.

Il faut qu'il arrête d'insulter le peuple et de nous traiter de débiles parce que nous savons que la situation est hors de contrôle depuis des années, qu'elle soit sanitaire, sociétale, politique ou économique... Ayez une attitude humble et d'abaissement pour reconnaître que pour donner suite à toutes les difficultés par lesquelles le gouvernement et le peuple passent vous ne pouvez pas tout résoudre parce que vous n'êtes pas parfaits. Arrêtez de vivre dans le déni! En plus, ayez le courage de nous dire que vous avez échoué en matière de la lutte contre les changements climatiques, contre la COVID-19, les inégalités sociales, l'inflation, le chômage, le pouvoir d'achat, l'inflation... dites-nous que vous ne pouvez rien...mais nous allons essayer de réparer les choses qui se dégradent et nous avons besoin de vous! Olibry Kerly disait : *''Celui qui refuse de reconnaître ses erreurs ne s'améliore jamais. Il s'imagine se protéger ainsi du rejet ; cependant, inconsciemment, par son attitude rigide, il s'est lui-même rejeté''*.

Comment voulez-vous que les citoyens votent quand il n'y a que deux menus que je nomme : ''Pile ou Face''... à un certain moment ça va péter. Ça pète déjà au nord de la province depuis belle lurette. Sachez que c'est le début d'une toute petite mutinerie qui un jour deviendra UNE GRANDE MUTINERIE si rien n'est fait. Pour le moment tout semble être sous contrôle et télécommandé par le ''Palais'' depuis Fredericton, mais jusqu'à quand ça va perdurer ?

Nous vivons aujourd'hui la crise des individus dont l'individu est un horizon, nous ne pensons plus en termes de bien commun. Et c'est ce qui manque aujourd'hui. Avec le sens du bien commun, nous pouvons retrouver le sens collectif parce que nos élites sont très faibles. Quand un État a perdu toutes ses capacités intellectuelles et son muscle, j'avoue que cet État s'atrophie... La province que j'aime est dans un état lamentable. Elle fait partie des plus pauvres du Canada, le déficit augmente, nous avons le smic le plus bas de toutes les provinces, il faut arrêter la saignée. L'avenir qu'on nous promet... et la lâcheté qu'on nous promet je n'ai pas envie que ça nous arrive.

La plupart des élites politiques ont consenti l'inhibition collective... et la pensée de l'État est moribonde et très centrée sur les dogmes, ce qui veut dire qu'il vit dans la pensée des autres - La province doit être capable de construire sa propre "maison intellectuelle". Elle ne doit pas être pilotée par le conditionnement qui nous vient surtout d'Ottawa. Il faut la refonder et la nourrir de nouveau et je pense que ça passe par un examen de conscience sur ce qu'on a fait, pourquoi on l'a fait et avec quels résultats. Ce qu'il faut c'est une : direction, idée, pensée et une vision claire.

La vision pour notre province n'a jamais existé, les politiques marchent dans les pas de leurs prédécesseurs : gros discours et petits faiseurs. Ils croient innover, hélas...Ils ne font qu'ajouter une nouvelle couche de peinture sur du vieux depuis la création de la province et c'est la raison pour laquelle nous ne voyons pas grand changement dans les prises de décision. Un pays sans vision claire est un vaisseau sans boussole. Nous n'avons pas besoin des éléments de langage dans la prise des décisions. Il faut une vision pour avoir une idée de ce qu'on veut faire et un effet final recherché. Il n'y a plus de boussole et on ne sait plus quelle direction prendre, on gère.

L'élite politique aujourd'hui a une culture générale et historique inversement proportionnelle à leurs égos surdimensionnés et c'est ce qui apporte des crises. Nos élites ne vivent pas comme des dépositaires d'héritage. Elles sont dans une sorte d'inertie sociétale à l'échelle de la province et je dirai même à l'échelle planétaire. René Char disait : *''Notre héritage n'est précédé d'aucun testament''* et c'est ce qui se passe quand nous avons des dirigeants qui ne pensent pas aux peuples mais seulement à eux. Quel héritage nos politiques nous ont laissé jusqu'à aujourd'hui? En connaissez-vous un ? Faites-moi savoir je vous en prie les amis. Je serai curieux de connaître ! Hannah Arendt a dit : *''...le trésor de la vie publique, de la liberté partagée de se risquer et d'aller nu aux yeux de tous. Le paradoxe est ici évident : l'existence publique, la vie politique, est un lien qui unit les générations, qui s'institue dans la durée, transmet ses ''valeurs'' et ce que l'on appelle la ''culture''. Et voilà que ce lieu de transmission par excellence devient un héritage intransmissible, un bien à la fois inaliénable et pourtant inassimilable à quelques liens durables et subsistants. Le lien politique, puisqu'il est un partage, ne semble pas, ou ne semble plus, pouvoir relier les générations, le passé au présent''*

Si nous faisons la rétrospection des décennies passées, nous remarquons sans faille que nous ne sommes dépositaires de rien. Chaque fois qu'un nouveau gouvernement gagne des élections vous allez entendre dire combien il aime notre province, comment nos vies ne seront plus jamais les mêmes, et que le pouvoir d'achat va être au top et les autres provinces vont nous envier, création d'emplois ...Après quelques années, les mots commencent à changer et ça devient les maux. Déficit, chômage, les finances ne sont pas bonnes, coupures, équilibrer le budget, endettement, pauvreté etc. Donnez-moi un autre mandat pour finir le travail que nous avons commencé. Voyez- vous c'est encore et toujours un double discours.

Aujourd'hui, la majorité des citoyens conviendra avec moi qu'il y a un désaccord entre ce qui est dit et ce qui est vécu. Le message n'attire plus personne sauf celles et ceux qui n'évoluent jamais dans leur pensée et sont restés sous la pensée unique partisane, familiale, communautaire, caste... en disant que depuis leur jeune âge, leurs parents ont toujours voté tel ou tel parti et qu'ils doivent aussi faire la même chose sinon ils trahissent les volontés de la famille et comme conséquences quelques représailles. Comment de jeunes gens intelligents ou des jeunes familles peuvent–ils dire de pareilles sottises? Pourquoi se cacher derrière ce genre de raisonnement? Pendant ce moment, la province coule comme un Titanic et personne ne voit ce qui se passe. Les gouvernements qui se succèdent prennent souvent des décisions gribouilles et tout le monde le sait, même si la population ne dit rien... Comme disait mon voisinage : *''Tu peux peintre un chien blanc avec des couleurs du parti libéral et dire que c'est le représentant de la circonscription pour la prochaine élection qu'elle soit fédérale ou provinciale ce chien sera voté comme député''* Ce message démontre notre état poreux et piteux de démocratie. En même temps c'est triste et choquant de voir que les enjeux qui nous concernent ne sont plus débattus et que seule la couleur de tel ou tel parti compte. Ça s'appelle une démocratie bananière.

CHAPITRE II
LE NOUVEAU-BRUNSWICK RURAL MÉPRISÉ

Depuis cinquante ans, le Nouveau-Brunswick est naufragé par un tsunami de mauvaises décisions qui déferlent sur nous et qui ont été prises par des Ayatollahs politiques. Et c'est une des raisons pour laquelle la politique de la ruralité a été prise en tenaille entre deux idéologies. La première est celle de la mondialisation : la délocalisation des emplois et surtout des emplois industriels, vers des pays en voie de développement. Qui a décidé d'installer les usines ailleurs que dans cette province ? Est-ce qu'on était des paresseux ou de mauvais élèves ? Est-ce qu'on travaillait mal dans notre province ? Je pense qu'on a toujours bien travaillé et la preuve en est que cette province a été construite par de braves femmes et hommes. Nous avons été submergés par la mondialisation parce que le pouvoir de Fredericton est devenu depuis la nuit des temps le ventre mou du gouvernement fédéral, des oligarques et des grands décideurs en matière de notre industrie et de notre économie.

Des travailleurs peu qualifiés qui perdent leurs emplois industriels ont souvent beaucoup de difficultés à trouver un nouvel emploi à salaire égal. La perte d'emploi exerce une double contrainte sur les systèmes de protection sociale de notre province. Le nombre de personnes ayant recours aux aides sociales augmente et, comme il y a perte d'emplois, les recettes fiscales baissent alors qu'elles sont nécessaires pour alimenter les caisses des régimes de protection sociale. Et en même temps la perte de notre identité culturelle parce que la mondialisation favorise l'accès aux cultures étrangères, mais elle tend également à fusionner les cultures entre elles. Vous savez, quand les cultures commencent à perdre leurs caractéristiques distinctives, la diversité mondiale se perd aussi. Cette mondialisation qui croit tout améliorer et d'être une merveilleuse compétitivité, d'une certaine flexibilité, modernité, innovation etc. Il n'y a jamais eu autant de travailleurs pauvres, ce qui veut dire des gens qui travaillent et jamais n'arrivent à remplir leur panier d'épicerie à chaque fin du mois. Et la deuxième est celle de nos gouvernements qui ont abandonné notre ruralité au profit des villes. Ils investissent énormément d'argent dans les grands centres et font fi à nos collectivités locales qu'ils gazéifient avec de fausses promesses.

Nos collectivités ont été écartées des politiques publiques de développement économique, comme si seuls comptaient nos trois grandes villes : Fredericton. Moncton et Saint-Jean. Et la vraie inégalité qui mine la province est l'inégalité territoriale. Vous savez, toutes nos collectivités locales sont les territoires abandonnés de la province depuis plus de cinquante ans.

J'ai été béni de connaître les coins et recoins de la province et de toucher du doigt la pauvreté que vivent des milliers de citoyens que ce soit dans les bourgades ou dans nos villes. Depuis dix-huit ans que j'habite ici, j'ai vu la situation de notre ruralité se dégrader et les politiques ne font rien pour remédier aux problèmes qui minent et gangrènent nos communautés rurales. Cependant, la concentration des richesses et populations vers nos trois villes s'accélère tous les jours. La fracture entre nos villes et celles dites rurales n'a jamais aussi été profondément prise dans une spirale de paupérisation. Nos gouvernements et politiques ont laissé seuls nos territoires ruraux face aux détresses sociales. La population rurale est laissée en première ligne face à la dégradation économique et sociale et ce qui n'est pas juste. Ses femmes et hommes payent leurs impôts et sont parfois traités comme des sous-hommes et des vaux rien. Dans une province, il n'y a pas que le premier de cordées, parce que tout le monde est important, et le premier de cordée ne sont pas les seuls citoyens qui font réussir un pays. Que nous soyons pauvres ou riches, nous avons besoin de tout un chacun.

Depuis la nuit des temps, le Nouveau-Brunswick a toujours été l'une des trois provinces atlantiques qui a une population rurale importante. Ce sont des femmes et des hommes qui aiment leurs régions, ils sont bien enracinés, ils veulent y vivre et ne demandent qu'à y demeurer, parce qu'ils sont en amour profond avec leur terre et enfin ils y sont farouchement fidèles. Ils ne sont pas des citoyens clivants à la recherche du bonheur des centres urbains. Le bonheur pour eux c'est la ruralité, le calme, la famille, la communauté, l'agriculture, l'océan, l'attachement à la terre, etc. J'ajouterais aussi qu'ils sont plus écologiques que nous citoyens des centres urbains.

Cependant, il y a deux bémols importants qui minent la vitalité du Nouveau-Brunswick rural: l'exode de la population qui ''s'expatrie'' vers les grandes villes pour la recherche de l'emploi parce que les emplois ne sont quasiment plus dans les ruralités. Les emplois sont devenus rares comme la recherche des diamants rouges et qui sont les plus rares de la planète. Le résultat de tout ceci est les villages ''musées'' ou parfois des villages morts. La deuxième chose est la suivante

: le vieillissement de la population qui est aussi criant que le chômage de masse dans notre province. Tous ces deux éléments nous renvoient à un défi économique majeur dans nos communautés rurales et c'est la raison pour laquelle plusieurs personnes quittent pour L'Eldorado vers nos trois grandes villes (*Moncton, Fredericton et Saint-Jean*).

State of Rural Canada 2021 Opportunities, Recovery & Resiliency in Changing Times NEW BRUNSWICK by Tom Beckley *''Démontre qu'il y a 71 ans, en 1951, 58 % des Néo-Brunswickois vivaient en milieu rural. Au cours des 20 années suivantes, il y a eu une forte croissance démographique dans les centres urbains, de sorte que seulement 45 % des Néo-Brunswickois ont élu domicile dans les régions rurales en 1971. Près de 50%. Au dernier recensement, la population rurale était de 52%. Ainsi, les reportages des médias populaires sur l'exode rural et l'ascendance urbaine ne semblent pas étayés par les données. Le fait que la répartition urbaine et rurale ait oscillé entre 60 % et 40 %, et le plus souvent entre 55 % et 45 % au cours des 70 dernières années, est une statistique remarquable mais plutôt fade qui ne dit pas l'histoire complète de la vie rurale au Nouveau-Brunswick''*

Dans toutes nos bourgades et collectivités, de Grand Manan à la côte de Fundy, la pêche demeure un pilier de l'économie de notre province. Il s'agit de la pêche traditionnelle au homard, mais aussi l'industrie d'aquaculture qui est la plus récente. La haute vallée de Saint John est la région de la pomme de terre, avec des centaines de grandes fermes modernes réparties sur les collines ondulantes. Quant à la Péninsule acadienne, elle a une économie mixte et comprend la pêche, l'extraction de la tourbe, une partie de la foresterie, la culture du bleuet et d'autres cultures mixtes. Le Nouveau-

Brunswick est entouré à 85 % de forêts et l'activité forestière est donc dispersée dans toute la province. Cependant, au cours des deux dernières décennies, le Nouveau-Brunswick a perdu de grands centres de transformation forestière parmi lesquels : Dalhousie, Bathurst et Miramichi. La province comptait autrefois beaucoup plus de petites scieries dispersées géographiquement. Beaucoup d'entre eux ont été consolidés et modernisés et, par conséquent, ils sont plus sûrs et plus efficaces, mais cela signifie souvent qu'ils emploient également moins de personnes. Le tourisme est également un pilier économique dans de nombreux coins ruraux du Nouveau-Brunswick.

Existe-t-il un fossé entre la capitale provinciale et la ruralité méprisée ? Les gouvernements précédents ou actuels ont-ils voté des lois liberticides afin de bâillonner tous projets économiques pour nos collectivités locales? Le Nouveau-Brunswick est une pyramide, il y en a un qui est en haut, lui il est tout en haut dans le ''Château de Fredericton'' et c'est le ''Roi'' et en bas il y a plus de citoyens qui sont en même le sol ou dans la merde et qui vivent dans une pauvreté extrême. La plupart de nos territoires ruraux sont considérés et traités comme des endroits de seconde zone comme s'ils étaient invisibles. Ce peuple a des choses à dire et il ne veut pas se résigner à la fatalité, mais il se sent comme des parents pauvres du Nouveau-Brunswick. Je vais vous dire une chose très utile et bien réfléchi : Je crois que quelqu'un qui se bat ne peut jamais se sentir oublié ou méprisé. Il faut se battre! En revanche, certains citoyens de ces territoires ont le sentiment de ne pas être utiles pour leur province. Ils sont les oubliés de la province, parce que la fracture est de plus en plus béante entre le Château de Fredericton, symbole du pouvoir centralisateur et vertical entre nos petites villes que j'appelle les bourgades.

Vous savez, quand le Nouveau-Brunswick n'est pas uni, il ne donne pas la pleine mesure de son talent. Et le Nouveau-Brunswick idéal, c'est du local. Et j'ose croire qu'un jour l'étincelle se transformera en un beau feu d'artifice, afin d'amener les politiques à se rendre compte qu'il n'y aura pas de province économiquement forte sans la ruralité.

Depuis belle lurette, les citoyens de ses zones, ont le sentiment qu'il n'y en a que pour nos trois grandes villes : Fredericton, Saint-Jean et Moncton au détriment des territoires ruraux. Cependant, dans la ruralité il y a plus de désertification et d'abandon du patrimoine rural. Toutes les difficultés que vivent nos collectivités locales ne créent-elles pas un sentiment d'injustice? Notamment quand on enlève de nos petites villes ou des zones rurales des services publics sous prétexte qu'il y a moins de monde. Les gens ont le sentiment d'être dépouillés et ils se sentent comme des sous-hommes, de compter pour rien. Beaucoup souffrent aussi de la fracture numérique et ils n'ont pas accès à l'Internet à haute vitesse et c'est une honte pour un grand pays le Canada et une province comme la nôtre. Où sont nos hommes politiques qui promettent plein de choses, afin de remédier aux problèmes qui perdurent? Combien de fois j'entends les discours qui nous viennent de nos collectivités locales comme : Tout se décide à Fredericton avec une gestion verticale et nos régions sont des laissés-pour-compte. On ne se sent pas écouté par les décideurs''

Le symbole du pouvoir centralisateur qui fait de Fredericton la tête de la locomotive qui gère et des collectivités qui sont là pour obéir aux ordres des gestionnaires et des technocrates du système a montré depuis des années son échec et son inaptitude à incarner la démocratie en ne produisant que des élites politiques qui sont insoucieux du peuple et soucieux de leur portefeuille. Tant que Fredericton respire, les politiques vivent ! Le reste n'est pas important.

La classe politique a constitué le terreau de la pauvreté et d'une juxtaposition entre riches et pauvres parce que nous n'avons plus de tronc commun. Qu'est-ce qui nous fédère encore aujourd'hui afin de réparer le Nouveau-Brunswick et retrouver le vivre ensemble? Et c'est la raison pour laquelle nous avons besoin d'écrire un nouveau roman provincial pour le bien-être et le bien commun de la province. Et comme disait l'autre : Un autre monde est possible et moi je dis, *"Une autre province est possible"*.

Je crois qu'il faut redonner le pouvoir au peuple c'est-à-dire aux territoires, autrement dit décoloniser toutes nos collectivités qui ont été colonisées depuis cinquante ans par la gauche et la droite. Il faut une révolution pacifique inspirée des altermondialistes : le ruralisme libertaire et l'autogestion sur le terrain sont deux moyens importants susceptibles de fournir des contre-pouvoirs efficaces à l'effondrement du centralisme qui n'est autre chose que le "Palais de Fredericton". Le philosophe Michel Onfray dans son livre *Décoloniser les Provinces*, je cite : *"La politique ne doit plus être une affaire de commettants qui délèguent mais de citoyens qui décident"*. Pouvons-nous continuer sur le même chemin, au risque de devenir définitivement une nation de seconde zone ou préférions-nous reprendre le contrôle pour redevenir une grande province, qui rayonne et qui invente; une province qui décide à nouveau pour elle-même ?

Pourquoi nos gouvernements ont-ils laissé nos collectivités orphelines au profit de la mondialisation? Pourquoi nos gouvernements ont-ils laissé nos petits "joyaux" qui sont nos entreprises délocaliser pour la Chine ? La mondialisation a fait du mal à nos collectivités qui étaient déjà très fragiles. La ruralité doit sublimer sa souffrance et en même temps chercher à échapper à la mondialisation sauvage, à la désindustrialisation des campagnes, à la délocalisation sauvage du système de travail. Cette mondialisation lui a tout volé : les femmes et les hommes, le génie, le savoir-faire, l'industrialisation, les cerveaux qui partent vers d'autres horizons.

Nos bourgades ont été depuis plus de cinquante années de gestion entre la gauche et la droite au pouvoir, dévitalisées, dévalisées, méprisées, sous exploitées, abandonnées et les politiques n'ont pas eu l'audace de développer toutes nos régions rurales dans le but de les voir prospérer économiquement. Il y a eu ici un manque de vision de la part de nos autorités qui nous gouvernent et pourtant ces collectivités jadis, nous ont nourris et elles nous nourrissent encore aujourd'hui. Nelson Mandela disait : ''*Une vision qui ne s'accompagne pas d'actions n'est qu'un rêve. Une action qui ne découle pas d'une vision c'est du temps perdu. Une vision suivie d'action peut changer le monde*''. Notre secteur agricole a été détérioré par la mondialisation et il souffre énormément, le gouvernement doit massivement renflouer ce secteur par des subventions, afin que notre agriculture devienne le fer de lance de notre économie. Je pense que c'est un choix de société majeur afin de lutter contre le chômage de masse et la pauvreté.

L'accès aux ressources naturelles est un des facteurs de l'aggravation de certaines situations géopolitiques. La guerre en Ukraine est un bel exemple, car la Russie a bloqué les exportations du blé ukrainien vers des pays sous-développés en l'occurrence le continent africain. Cette crise politique déclenchée par la Russie depuis février 2022 s'est donc traduite par une surchauffe irrationnelle sur les marchés. Le besoin alimentaire est devenu colossal et la demande mondiale en céréales et en particulier en blé n'a cessé d'accroître. Voilà une fenêtre d'opportunité qui est ouverte pour nous comme société. C'est le meilleur moment pour notre gouvernement, d'investir massivement dans la culture du blé pour les dix voire vingt prochaines années. Ce choix de société qui est solide et réaliste parce que, *''le rôle du commerce du blé s'accroît car si un individu sur six dépend actuellement des marchés internationaux pour se nourrir, ce taux devrait grimper à 50 % à partir du milieu du siècle. La vente du blé pourra créer de milliers d'emplois à travers notre province et ses échanges nationaux ou internationaux...Notamment parce que l'Afrique pourrait compter 2,5 milliards d'habitants et que la planète s'urbanise : en 2050, 80 % de la population mondiale vivra en ville avec ce que cela comporte en termes de transition alimentaire vers des régimes plus carnés (et donc plus caloriques)''*[5] Quant à la Chine moderne, dont les achats de blé sont croissants et dont la demande en blé augmente tous les jours, il faudra créer des partenariats commerciaux pour l'acheminement de notre blé, car le marché chinois est vaste. Le club très fermé de la planète (*Union européenne, Chine, Inde, États-Unis et Russie*) possède ainsi un pouvoir alimentaire qui amène certains membres à réfléchir. Nous devons faire partie de ce club, c'est ambitieux mais aussi faisable. Une façon là aussi de créer plus d'emplois dans ce secteur qui a été abandonné. Il

---

[5] https://www.cairn.info/revue-herodote-2015-1-page-125.htm

faut une nouvelle politique agricole pour toutes nos collectivités locales. Nous devons organiser notre économie en fonction de nos besoins, nos valeurs et de nos convictions. Nous n'avons pas assurément besoin du capitalisme à l'américaine, avec ses grandes entreprises surpuissantes et son inégalité. Notre secteur agricole doit être développé et géré par nos collectivités locales sans aucune mainmise des grandes entreprises dévoratrices.

La mauvaise gestion de la mondialisation a favorisé des multinationales en accroissant la puissance des compagnies, notamment dans certains secteurs comme celui dont je parle, l'agriculture ou l'agroalimentaire. Ensuite, elle a fait tuer notre secteur agricole, qui reste encore fragilisé. Il faut lui donner une nouvelle perfusion celle que je décris plus haut : les subventions massives. Sans l'intervention de l'État, il y a de gros perdants et les premières victimes sont nos agriculteurs qui souffrent déjà avec des salaires plus bas. Ils ne vivent pas, mais survivent depuis des décennies.

Au nom de la mondialisation, pour qu'un pays ou une province comme la nôtre reste compétitif, on a sommé les travailleurs d'accepter des salaires bas. Ils ont subi une dégradation de leurs conditions de travail et des coupes dans les services publics essentiels dont ils ont besoin, pour être compétitifs dans la mondialisation, ont-ils prétendu au moment même où nous en avions le plus besoin. Comment imaginer que de telles politiques puisse aboutir à une amélioration de la vie de nos citoyens? Et c'est une des raisons pour laquelle plus de 20000 membres du SCFP (*Syndicat Canadien de la Fonction Publique*) ont participé à ce qui est devenu la plus grande grève générale légale de l'histoire du Nouveau Brunswick. Et voici ce qu'a déclaré Stephen Drost, le président du

SCFP Nouveau-Brunswick : *"La plupart des travailleuses et travailleurs étaient sans contrat depuis plus de trois ou quatre ans, donc je suis heureux qu'ils pourront voter sur une entente dans les prochains jours"*

Joseph E. Stiglitz dans son livre *Peuple, Pouvoir et Profits* souligne que : *"La mondialisation a souvent fragilisé nos collectivités locales. Les petits commerçants sont en général les piliers d'une région, d'un territoire et d'une collectivité locale. Mais leurs magasins sont aujourd'hui évincés par les grandes chaînes (Wal-Mart...), qui ont un avantage certain pour l'achat de produits bon marché à l'étranger. Les gérants de ces points de vente sont plus attachés à leur compagnie qu'à la population locale, et souvent ils ne restent pas assez longtemps au même endroit pour s'y enraciner. Les règles de la mondialisation n'ont pas été idéales, loin de là. Elles ont protégé les intérêts des grandes entreprises aux dépens des travailleurs, des consommateurs, de l'environnement et de l'économie. Par exemple, Big Pharma a gagné une protection plus forte pour ses médicaments coûteux, en sacrifiant des vies humaines dans le monde entier. Les grandes compagnies ont obtenu un régime de la propriété intellectuelle qui biaise la concurrence en leur faveur et au détriment des petites entreprises, qui donnent priorité aux profits sur les vies humaines et l'environnement, voire sur la croissance à long terme et l'innovation. Puisque nous avons rendu plus facile aux multinationales d'éviter la fiscalité, les travailleurs et les petites entreprises doivent assumer une plus large part du fardeau fiscal. Enfin, assurer, par nos traités, des droits de propriété plus sûrs aux investissements à l'étranger qu'à ceux qui ont lieu dans notre pays n'a aucun sens. Il est facile d'établir une liste de réformes à effectuer. Nos accords sur l'investissement doivent se concentrer sur un seul objectif : garantir aux entreprises américaines qu'il n'y aura pas de discrimination contre elles. Les dispositions de nos accords commerciaux sur la propriété intellectuelle doivent chercher à garantir l'accès de tous aux médicaments génériques, et non de gros profits à Big Pharma. De plus, nous devons nous préoccuper davantage de l'utilisation de la mondialisation à des fins d'évitement fiscal et d'évasion fiscale. C'est une quasi-certitude : nous parviendrons à de meilleures règles commerciales internationales si nous les élaborons à travers un processus ouvert et démocratique"*

Dans l'histoire de la mondialisation, on réalise que tous les pays qui ont aidé leur population à la transition ont aujourd'hui une économie plus dynamique, un électorat plus ouvert au changement et un niveau de vie plus élevé comme c'est le cas des pays de la Scandinavie (*Norvège, Suède, Danemark, Finlande etc.*) Cette approche peut aussi être applicable chez nous comme province. Malheureusement elle n'a pas été mise en marche et c'est une raison pour laquelle nos concitoyens ne cessent de parler du pouvoir d'achat, parce que le pouvoir d'achat n'est pas la préoccupation première de notre gouvernement. Les gens peuvent continuer à s'appauvrir, à avoir de bas salaires et ça ne dérange personne. Les salaires n'augmentent jamais, mais à la pompe le régulier coûte aujourd'hui $2,26 et ça fait le jeu du gouvernement qui veut plus de taxes de la part des compagnies pétrolières. Il faut à un moment donné que le gouvernement arrête avec sa logique stupide de toujours taxer plus et de s'empiffrer sur le dos des honnêtes citoyens. Qui est le premier ''profiteur de l'inflation'', effectivement c'est l'État. Cet État refuse parfois de faire des gestes envers une grande partie de la population qui vit avec des salaires bas. Payer plus de $1,50 à la pompe est un impôt injuste ciblé sur le Nouveau-Brunswick qui se lève tôt pour aller travailler et qui ne s'en sort pas. Ce n'est pas un péché de rendre cet argent aux néo-brunswickois. Le smic en 2022 augmentera de deux dollars (*Le salaire minimum va augmenter de 2 $ en 2022 au Nouveau-Brunswick. Deux hausses en six mois vont faire passer le salaire minimum de 11,75 $ à 13,75 $ l'heure*) ce qui est une bonne nouvelle pour celles et ceux qui ne peuvent pas tenir jusqu'à la fin du mois mais ce ne sont que des "peanuts". Est-ce que le gouvernement est prêt à reconsidérer l'augmentation du Smic compte tenu de l'inflation ? *Il faut augmenter le salaire minimum* entre 13% à *15% le niveau du smic. La progression de* 13% à *15% sera observée par rapport au niveau des prix*. Un moyen de reconsidérer le citoyen comme une personne qui est utile, importante, productive et qu'il faut valoriser. Il faut aussi augmenter le point d'indice des fonctionnaires - Il faut éradiquer le chômage tout en garantissant à chacun un emploi ou une formation avec un salaire digne. Nos jeunes devraient être une des priorités. Vivre avec le smic c'est survivre et ça n'améliore pas la condition de vie de nos citoyens et ça n'augmente pas le pouvoir d'achat. Il faut faire plus afin que nos citoyens vivent dans de bonnes conditions.

Pour que cette approche fonctionne il faut mettre en place des politiques de transition

- Politiques actives du marché de travail : aider les gens à se former à de nouveaux métiers et à trouver de nouveaux emplois;
- Politiques industrielles : la garantie que de nouveaux postes sont créés au même rythme que les anciens sont détruits;

- Aider les collectivités locales par des pertes d'emplois massives à trouver de nouvelles opportunités économiques : de bons systèmes de protection sociale, afin que nul ne passe entre les mailles du filet.

Vous savez, la plupart des hommes politiques sont intéressés par vos votes, ils sont devenus égoïstes parce qu'ils veulent leur réélection comme député ou premier ministre mais le développement économique de votre région n'est pas dans leur agenda. Arrêtez de les croire ! Si votre collectivité perd des emplois et qu'il y a plus de désertification, ça ne les empêche pas de dormir. Cependant, la plupart de ces politiques sont des gens très rusés et ont un langage facile aux fausses promesses. Ces élus se confortent de vous promettre des choses qu'ils ne vont en aucun cas réaliser parce qu'ils profitent de vos problèmes et faiblesses afin de vous donner un message qui vous caresse la peau et c'est un message qui est vide de sens. Ils font du machiavélisme, et c'est l'attitude d'une personne qui emploie la ruse et la mauvaise foi pour parvenir à ses fins. La plupart des discours politiques que vous avez écoutés sont exactement le prototype de ce que je viens de vous décrire. Faites votre bilan et vous verrez qu'ils vous ont menti durant des décennies afin d'obtenir vos votes. C'est méchant et très malhonnête de la part de certains d'entre eux. S'il vous plaît ne tombez plus dans leur piège.

Politiciens, le peuple a de la mémoire, de la jugeote et de la lucidité. Il se rappelle tout ce que vous aviez fait contre lui. Il est en colère contre les élites politiques. Il dit énormément de mal de vous parce que vous n'avez pas tenu à vos engagements. Ce peuple ne veut plus voter aujourd'hui parce qu'il se sent trahi, et vous êtes la cause de leurs malheurs. Et c'est une des raisons pour laquelle plusieurs citoyens ne veulent rien savoir quand il s'agit d'aller aux urnes pour exercer leur droit de vote. À chaque élection, le taux d'abstention baisse au fil des années ce qui veut dire que notre démocratie est en danger. Si rien n'est fait et c'est inquiétant.

La ruralité, par la diversité de ses forces, est source d'avenir et de solutions : la ruralité doit être au centre des ambitions d'un Nouveau-Brunswick qui se veut performante et durable, dans laquelle chaque citoyen peut, individuellement et collectivement, exprimer son potentiel et réaliser ses ambitions. Il faut une sorte de renaissance de notre province, parce qu'elle regorge d'immenses entrepreneurs talentueux qui peuvent apporter énormément pour la réindustrialisation du Nouveau Brunswick. Cela dit : il faudrait créer un grand ministère de réindustrialisation et de collectivités locales qui va travailler en étroite collaboration avec notre ruralité, parce qu'elles sont un trésor en matière de la richesse alimentaire, un moteur agricole pour l'économie de la province et enfin de la puissance et de la souveraineté pour le Nouveau Brunswick.

La (COVID-19) va-t-elle planter des usines? Reverra-t-on un jour fleurir des industries sur notre sol après une période de désindustrialisation longue de plusieurs décennies ? Et à quelles conditions pour les industriels et les consommateurs ? Dans les années 1992 écrivait le sociologue et historien Jean-Pierre le Goff, dans son ouvrage Le mythe de l'entreprise : *"Avant, on produisait et on vendait. Maintenant, on regarde le marché et on essaie de produire en fonction du marché, en s'adaptant au plus près de la demande du client"*

Le Nouveau-Brunswick a connu une désindustrialisation massive au profit de la mondialisation. L'année 1990 a été marqué par l'accélération de la mondialisation et cette mondialisation a deux faces. Premièrement, on peut utiliser la mondialisation pour aller produire pas cher dans les pays où la main d'œuvre n'est pas chère. Deuxièmement, soit on profite de la mondialisation pour se dire ce sont de nouveaux marchés qui sont avides de croissance et de technologie dans lesquels on peut exporter nos produits. Et pour caricaturer, le Canada a pris la première option avec les provinces.

Pour lutter contre toutes les fractures de nos territoires locaux

1. Création d'un grand ministère de réindustrialisation et de collectivités locales.

2. Mettre le numérique au service de l'intérêt général - Garantir le droit à un accès minimal gratuit à Internet et la couverture numérique de toute la province en très haut débit à coût accessible d'ici 2030

3. Garantir la souveraineté numérique

4. Lutter contre la fracture numérique et géographique ce qui veut dire éliminer progressivement les zones sans réseau, dites ''zones blanches'' : garantir à toutes les habitations une liaison à la fibre optique pour accroître l'attractivité et la compétitivité économique des espaces habités hors des grands centres – Il faut négocier avec les opérateurs téléphoniques (*Rogers, Bell, Telus, Virgin...*), qui sont déjà en service et permettent de capter la 4G-5G dans des zones jusqu'à présent mal couvertes.

5. Il faut investir des sommes d'argent pour former la plupart des citoyens ruraux à l'usage des outils numériques - Conseillers numériques qui vont être recrutés et déployer pour aider les citoyens éloignés d'Internet à maitriser les outils numériques.

6. Éradiquer la pauvreté - Instaurer une garantie dignité qui ne laisse aucun individu sous le seuil de pauvreté.

7. Lancer une grande mobilisation pour l'égalité entre nos territoires : il faut lancer une grande mobilisation provinciale pour que nos territoires en retard et qui ont fait du Nouveau-Brunswick une province à l'échelle canadienne et mondiale soient dotées d'infrastructures et de services publics au niveau des régions les mieux dotées des provinces atlantiques et du Canada en particulier. Enfin, il faut lutter notamment contre les déserts médicaux.

8. La priorité aux circuits-courts dans nos collectivités : une bonne façon de lutter contre les changements climatiques et se diriger vers des modèles moins émetteurs de gaz à effet de serre (*produits à faible coût environnemental, et non seulement locaux*). En réduisant le nombre d'intermédiaires, le consommateur local et le producteur local se rapprochent.

9. Réorganiser l'État et les collectivités territoriales au service de la planification écologique - Impliquer pleinement les territoires et les collectivités dans les décisions et la mise en œuvre des investissements de la planification écologique, permettre leur libre association

10. Renforcer les moyens des collectivités en augmentant les dotations, en assurant leur pérennité et leur dynamisme dans le temps

11. Créer 20000 emplois agricoles pour instaurer une agriculture relocalisée, diversifiée et écologique

12. Favoriser le développement des produits issus des circuits courts de proximité, durables et de saison. Utiliser le levier de la commande publique pour valoriser les produits issus de productions locales, durables et de saison.

13. Engager une planification écologique démocratique pour mettre en œuvre la règle verte, en partant du local et en s'appuyant sur la participation des citoyens, des syndicats, des associations, des collectivités et des branches professionnelles

14. Produire bio : proposer des produits sains et favoriser l'enracinement dans un paysage

15. Mettre la pression sur les acheteurs à bien rémunérer correctement nos producteurs locaux

16. La réorientation de certains fonds alloués à la politique de nos trois grandes villes (*Fredericton, Moncton et Saint-Jean*) vers les campagnes. Ces fonds seront plus utiles pour soutenir les commerces locaux, le tourisme, et pour réhabiliter notre patrimoine rural.

17. Accéder à une formation universitaire dans les territoires ruraux, doit être possible grâce à nos campus connectés, présents dans nos villes. Ainsi, nos étudiants de la ruralité peuvent suivre un cursus universitaire à partir de chez eux, dans des lieux dédiés et parrainés par une université.

18. Faire de la ruralité un acteur moteur dans la lutte contre le changement climatique et la préservation de la biodiversité : les territoires ruraux sont des échelons pertinents pour développer des initiatives durables, concrètes et efficaces. Les entreprises rurales disposent notamment d'atouts indéniables pour participer activement à la neutralité carbone nationale, soit par l'intégration de dispositifs vertueux (*énergies renouvelables, infrastructures vertes, circuits de proximité, économie circulaire...*), soit par les services de compensation environnementale.

19. Investir dans les énergies ''propres'' et développer la production des énergies renouvelables là où c'est pertinent

20. Aujourd'hui, la fameuse COVID-19 a poussé les néo-brunswickois à exprimer de nouvelles aspirations. L'engouement des consommateurs pour l'achat local est le gros point positif de cette crise sanitaire. En effet, le souhait de penser et de consommer local, la volonté de vivre plus près de la nature pour bénéficier d'un équilibre personnel harmonieux, l'installation progressive du télétravail renforcent l'attractivité des territoires ruraux. Il faut attirer plus d'habitants dans nos collectivités locales: verser de l'argent à chaque nouvel arrivant et le montant qui est alloué est de 15000 dollars à chaque personne qui s'installerait dans un de nos territoires avec pour obligation d'acheter, de construire ou de rénover une maison. Et je pense que nos territoires ruraux deviendront le fer de lance des ambitions stratégiques d'avenir si notre gouvernement met du sien.

21. Une politique de natalité pour nos collectivités locales : il faut que les naissances soient de retour au sein de notre ruralité. Une manière de redonner vie à nos territoires qui sont abandonnés et dont le taux de natalité reste le plus faible. Ainsi, 5000 dollars seront donnés pour chaque nouvel enfant né dans une famille de nos collectivités locales et qui sont éloignées des grands centres urbains. Mais il faudra prouver que vous habitez dans une zone rurale depuis au moins deux ans.

22. Développer le vivre-ensemble fédérateur: l'économie des territoires ruraux dépend des acteurs qui la créent, l'animent, la dynamisent et la font connaître. La ruralité vivante doit se pérenniser et se renouveler pour répondre aux besoins de tous, quelles que soient les aspirations. Pour cela, il faut développer un vivre-ensemble fédérateur, véritable sentiment d'appartenance et de fierté, basé sur une acceptabilité commune.

23. Réaffirmer la place de l'agriculture et de l'agroalimentaire au centre de l'économie en milieu rural en développant les filières, les industries de transformation des produits agricoles et forestiers

24. Nos agriculteurs vivent mal et ont moins d'argent quand ils sont retraités. Ce ne sont pas des gens riches à majorité, parfois ils ne mangent pas très bien. Il faut revaloriser la plupart d'entre eux ce qui veut dire augmenter de $100 en moyenne le SMIC

25. Prioriser et accompagner la vitalité économique. Il faut soutenir et développer l'emploi et revitaliser le tissu industriel, agricole, commercial et artisanal des

zones rurales. En facilitant l'activité au quotidien, avec des services publics, technologiques, collectifs et coopératifs adaptés et efficaces, le lien entre entrepreneurs et territoires s'en trouvera renforcé, et de nouvelles opportunités économiques émergeront.

26. Maintenir le "dernier commerce" installé en milieu rural et développer des projets de commerce multiservices avec Poste Canada, les opérateurs téléphoniques et des acteurs publics et privés.

27. Des mesures adaptées aux spécificités des territoires ruraux permettront, notamment, de faire face plus efficacement aux maires ruraux qui sont mal payés - L'indemnité des maires ruraux doit être augmentée : les maires de communes de moins de 2000 habitants entre 20 - 50% du montant actuel.

28. Investir massivement dans les infrastructures

29. Pour répondre structurellement aux besoins des territoires ruraux en matière d'offre de soins et lutter contre les déserts médicaux, il faut qu'il y ait plus d'étudiants supplémentaires qui soient formés chaque année dans nos facultés de médecine.

30. Un plan massif d'investissement dans la rénovation des hôpitaux au Nouveau-Brunswick doit être mis en œuvre.

31. La création des maisons de santé où Médecins, infirmiers, dentistes, pharmaciens, sage-femmes, orthophonistes, kinésithérapeutes sont regroupés autour d'un projet commun pour apporter aux patients les meilleurs soins.

32. Soutenir la biodiversité dans les zones rurales, des investissements en dollars devait être alloués à la dotation biodiversité pour une meilleure prise en compte des aménités rurales.

À la manière d'un électrochoc, la crise sanitaire COVID -19 exacerbe les inquiétudes mais aussi révèle des potentiels et accélère les prises de conscience. Parmi celles-ci, émerge la nécessaire reconquête de la souveraineté provinciale, qui s'exprime notamment par la relocalisation de la production et la relance de la dynamique économique et entrepreneuriale des territoires. L'avenir pour les régions rurales du Nouveau-Brunswick est prometteur si la réforme sur la gouvernance locale est une réussite.

CHAPITRE III
IMMIGRATION, ÉVITER LE CHAO

Au milieu du vingt-et-unième siècle, les migrations internationales ont pris un essor sans retour. Une différence fondamentale existe entre l'époque de Christophe Colombe et celle que nous vivons de nos jours, parce que les migrations se sont globalisées et mondialisées. Il faut aussi préciser que ce ne sont plus seulement les Européens qui émigrent vers d'autres continents comme ce fut le cas dans le vieux continent. Aujourd'hui les populations bougent de partout ce qui signifie que la planète est en mouvement.

Jadis, j'étudiais dans mon cours d'histoire les premiers migrants qui étaient partis de l'Europe vers l'Amérique. Je me souviens comme si c'était hier de notre professeur d'histoire qui nous parlait de Christophe Colombe qui avait découvert l'Amérique et le "nouveau monde" en 1492. Quant à Jacques Cartier, le Christophe Colombe du Canada, il aurait découvert le Canada en 1534 etc. Et à chaque cours d'histoire sur les migrations, le professeur affichait sur un tableau vétuste de noir sur lequel la craie blanche n'adhérait plus, une vieille carte de géographie d'après-guerre, très abimée, bien gardée précieusement pour nous montrer les routes que ces navigateurs et explorateurs avaient empruntées afin de se rendre vers d'autres continents. Plus de cent ans d'histoire se sont passées et j'ai eu la plus belle opportunité d'apprendre des choses formidables durant ce cours. Bientôt vingt ans que je vis dans le continent américain avec les miens, ce qui m'a permis de devenir un citoyen du monde pour ne pas dire un citoyen canadien depuis quelques années.

Ces migrations aujourd'hui se sont mondialisées depuis trente ans, et ont triplé depuis le milieu des années 1970 : 77 millions en 1975, 120 millions en 1999, 150 millions au début des années 2000, 244 millions aujourd'hui, ce qui est énorme. Ce processus va se poursuivre car les facteurs de la mobilité ne sont pas près d'avoir disparu : écarts entre les niveaux de développement humain (*qui combinent l'espérance de vie, le niveau d'éducation et le niveau de vie*) le long des grandes lignes de fracture du monde, crises politiques et environnementales, productrices de réfugiés et de déplacés, baisse du coût des transports, généralisation de la délivrance des passeports y compris dans les pays d'où il était hier difficile de sortir, absence d'espoir dans les pays pauvres et mal gouvernés, rôle des médias, prise de conscience que l'on peut changer le cours de sa vie par la migration internationale.

Puiseurs citoyens du monde se bousculent à la porte des pays riches pour y entrer, pas forcément pour des raisons de guerres qui mènent présentement un afflux exceptionnel de réfugiés, mais en fonction d'une aspiration universelle à détenir un emploi bien rémunéré, à survivre, à s'enrichir et à préparer un meilleur avenir pour leurs enfants. Absence d'espoir dans les pays pauvres et mal gouvernés, rôle des médias, prise de conscience que l'on peut changer le cours de sa vie par la migration internationale etc. Tous ces déplacements des peuples vers nos pays occidentaux bousculent nos civilisations, nos mœurs, nos us et coutumes, parce qu'on ne se sent plus chez nous. Je vous fais une confidence, l'histoire nous apprend que ce processus va se poursuivre car les facteurs de la mobilité ne sont pas près d'avoir disparu.

Comme société, nous sommes parfois englués dans les méandres de l'interculturalisme qui nous divisent. Il faut qu'on s'adapte afin de pouvoir vivre avec l'autre qui amène une autre culture et celle-ci est étrangère à la nôtre, chose qui n'est pas du tout facile à accepter. Tout ça crée des tensions entre les cultures et des expressions de mécontentement qui s'élèvent dans la société, je le vois et je le sens tous les jours. Un bel exemple à mon propos. Figurez-vous la richesse de notre province est une tarte ronde. Les trois quarts de la tarte sont détenus par les anglophones de la province, le quart de la tarte qui reste est pour les francophones et les immigrants reçus.

Depuis quelques années, nous vivons un exode régional massif au sein de notre province, la plupart des citoyens du nord de la province vendent leurs maisons et déménagent au sud-est pour s'installer et trouver une meilleure qualité de vie. Arrivés ici au sud-est de la province, leur première difficulté est la recherche d'emploi parce que le marché est saturé et il n'y a pas assez de jobs qui paient bien. Question : comment partager le quart de la tarte qui reste entre population francophone et immigrés reçus? Une tâche que j'avoue être colossale. Chacun veut recevoir la bonne part du quart de la tarte qui est restée. Il y a des tensions et j'entends parfois les voix qui se lèvent pour réclamer...nous sommes chez nous ''icitte''. Pas question de donner nos jobs aux étrangers parce qu'ils ne sont pas ''d'icitte''. Et en même temps, les immigrants aussi veulent le travail bien payé, malheureusement ils n'obtiendront que les jobs qui payent moins. Le premier job obtenu par un immigrant - au revoir Nouveau-Brunswick pour une autre province. Il n'y a pas de jobs pour les immigrants. Ce sont des gens fermés, ils ne veulent pas nous voir travailler. Quand il y a des jobs, ils préfèrent les partager entre eux parce qu'ils sont de la même caste. Quand un concours est lancé pour un job à la fonction publique, ils le font savoir seulement à leurs proches. Ils sont protectionnistes et racistes. Cette province ne va jamais changer et c'est la raison pour laquelle les gens partent moi aussi je vais ailleurs. Enfin, la province a une vision rabougrie de l'immigration et tout ce qu'il nous raconte pour immigrer ici, ce n'est que du pipo. Bye, bye. Ces tensions sont récurrentes entre immigrants et habitants. Quand on vient d'ailleurs, on a peur culturellement et les gens n'ont pas confiance en vous.

Au Nouveau-Brunswick les enjeux pour l'immigration francophone sont nombreux et voici quelques-uns :

- Enjeu démographique - La plupart des citoyens voient dans l'arrivée de nouveaux immigrants francophones un instrument nécessaire au rééquilibrage démographique par rapport à la masse anglophone. Les anglophones possèdent tout et c'est à eux l'argent, les entreprises etc. D'autres pensent que plus notre population va s'agrandir démographiquement avec un taux de fécondité élevée, plus nous égalerons dans le futur les anglophones en termes de natalité.

- Enjeu économique – Plusieurs craignent que les immigrants viennent ''voler leurs jobs'' et ces mots sont communs ici. C'est un sentiment de peur et d'ignorance...les immigrants volent nos jobs. Quant aux entreprises, c'est en fait un repositionnement stratégique, elles demandent de poursuivre et d'intensifier la politique d'immigration, parce qu'elles sont à la recherche de la main d'œuvre. Le besoin est énorme, pendant que certaines entreprises tiennent le coût d'autres sont obligées de fermer parce qu'elles ne trouvent pas de travailleurs. Trop de paperasse avec l'administration de l'immigration, quand vous déposez un dossier pour un éventuel candidat immigrant. Que ça prend énormément de temps et le manque à gagner financier des entreprises est colossal.

- Enjeu culturel et linguistique – l'acceptation de l'autre, la supériorité de culture. Je suis meilleur que ta culture. Il faut parler les deux langues pour avoir un bon job et dans 90% des cas vous serez refusé si vous ne parlez qu'une des deux langues. Vous pouvez avoir de très bonnes compétences et la langue devient un obstacle majeur. Gilles Paquet, professeur à l'Université d'Ottawa - **École de gestion Telfer** dit : *"Le niveau optimal de diversité n'est pas nécessairement le niveau maximal de diversité"*. Selon les dires du professeur, il faut qu'on soit des citoyens ouverts, accueillants et internationalistes, mais aussi garder la tête froide sur la question. Il faut avoir un nouveau rapport de l'autre et ça demande notre hospitalité et notre acceptation culturelle, politique et sociale.

- Enjeu pour les populations qui arrivent dans la province, pour les immigrants économiques qui cherchent à améliorer leur sort en investissant leur argent, pour les réfugiés politiques requérant un droit d'asile ou encore pour les familles qui veulent le regroupement familial.

Nos voisins québécois vivent les mêmes tensions que nous, depuis que le Québec est devenu une terre d'accueil. Pour résoudre la question identitaire ou des tensions entre différentes cultures, l'ancien premier ministre du Québec, M.

Jean Charest, a annoncé le 8 février 2007 : *"La création de la Commission de consultation sur les pratiques d'accommodement reliées aux différences culturelles (Commission Bouchard Taylor). Suivant le décret du gouvernement, la Commission avait pour mandat : a) de dresser un portrait des pratiques d'accommodements qui ont cours au Québec; b) d'analyser les enjeux qui y sont associés en tenant compte des expériences d'autres sociétés; c) de mener une vaste consultation sur ce sujet; et d) de formuler des recommandations au gouvernement pour que ces pratiques d'accommodement soient conformes aux valeurs de la société québécoise en tant que société pluraliste, démocratique et égalitaire...le but fut de saisir le problème à sa source et sous toutes ses facettes, en prêtant aussi une attention particulière à ses dimensions économique et sociale. L'insertion et la reconnaissance professionnelle, l'accès à des conditions de vie décentes et la lutte contre la discrimination constituent en effet des conditions essentielles pour assurer l'intégration culturelle de tous les citoyens à la société québécoise......Le malaise identitaire, l'emballement médiatique et le phénomène de la rumeur ont contribué à la crise des perceptions, mais ils ne suffisent pas d'expliquer le mouvement de mécontentement qui s'est imposé dans une large partie de la population. La "vague" des accommodements a manifestement heurté plusieurs cordes sensibles des Québécois canadiens-français de telle sorte que les demandes d'ajustement religieux ont fait craindre pour l'héritage le plus précieux de la Révolution tranquille (tout spécialement l'égalité hommes-femmes et la laïcité)...Chez une partie de la population, cette crispation a pris pour cible l'immigrant qui est devenu en quelque sorte un bouc émissaire et je dirais un mouton noir. Ce qui vient de se passer au Québec donne l'impression d'un face-à-face entre deux formations minoritaires dont chacune demande à l'autre de l'accommoder...Toutefois, il convient aussi de rappeler que plusieurs pays d'Occident connaissent aujourd'hui des malaises qui ressemblent à ceux qui ont été exprimés à l'occasion du débat sur les accommodements''* [6]

L'Atlantique a besoin des nouveaux arrivants qu'ils viennent de l'intérieur du pays ou d'ailleurs dans le monde, ils ont leur place chez nous parce que nous sommes un peuple accueillant. Vous savez, notre société est une société de baby-boomers, et elle est beaucoup plus vieillissante avec 57 % du nombre de personnes âgées de 65 ans et plus. Cette tranche d'âge nécessite plus de soins.

Pour les prochaines cinq années, la fonction publique au Nouveau-Brunswick va perdre 7000 fonctionnaires qui seront tous à la retraite et là aussi le besoin est colossal. Tous ces effectifs doivent être remplacés si nous ne voulons pas que la tâche soit plus ardue pour celles et ceux qui restent en fonction. Ce qui évitera le burnout à plusieurs de nos fonctionnaires.

Pour remédier au problème du vieillissement et répondre au marché du travail, le conseil multiculturel du Nouveau-Brunswick pense qu'il faut que la province accueille mille immigrants par an. Selon le rapport de ''Un nouveau départ'' : une stratégie de croissance démographique pour le Nouveau-Brunswick 2019 -2024 : ''...Il faut accroître la capacité du Nouveau-Brunswick à former, à mobiliser et à retenir une main-d'œuvre qualifiée afin de répondre aux besoins de son marché du travail. La stratégie est axée sur l'atteinte de trois

---

[6] https://www.opq.gouv.qc.ca/fileadmin/documents/Commissaire/autre/RapportBouchardTaylor2008.pdf

cibles au cours des cinq prochaines années et au-delà, à savoir :

• Favoriser une augmentation régulière du nombre d'immigrants qui s'installent dans la province chaque année. Plus particulièrement, le ministère de l'Éducation postsecondaire, de la Formation et du Travail. Il s'efforcera de stimuler la croissance démographique au Nouveau-Brunswick en haussant la cible d'immigration économique avec le temps, de manière que nous puissions accueillir jusqu'à 7500 nouveaux arrivants annuellement d'ici 2024. Cela portera la part annuelle de l'immigration au Nouveau-Brunswick à environ 1 % de la population provinciale.

- Appuyer la rétention des nouveaux arrivants au Nouveau-Brunswick en portant le taux de rétention à 85 % d'ici 2024. Cela permettra de consolider le succès des efforts visant à accroître la population en encourageant plus de personnes à s'établir dans des collectivités au Nouveau-Brunswick, à y rester et à concourir à leur prospérité.

- Comme le proposait *le Plan d'action pour favoriser l'immigration francophone au Nouveau-Brunswick 2014-2017*, le Ministère continuera de viser une augmentation annuelle de 2% des candidats francophones désignés afin d'atteindre 33 % d'ici 2024. Pour atteindre ces cibles, la stratégie énonce quatre objectifs ainsi que les initiatives et les mesures qui en découleront :

  - Attirer une main-d'œuvre qualifiée qui correspond aux besoins du marché du travail;

- Recruter des entrepreneurs qui appuient une croissance économique durable;

- Créer un environnement où les nouveaux arrivants et leur famille peuvent s'établir au Nouveau-Brunswick et y réussir;

- Encourager les collectivités à bâtir une province plus diversifiée et accueillante"[7]

Et parmi les questions qui taraudent notre planète au 21e siècle figure l'immigration. La plupart de nos sociétés occidentales aborde souvent l'immigration sous le prisme économique - La diversité enrichit notre culture. Cela peut bien nous coûter de l'argent, mais l'investissement en vaut la peine. Les nouveaux arrivants issus de l'immigration apportent énormément à la société d'accueil: le capital humain, leur expérience, leur histoire et leurs aspirations. Toutes ces choses peuvent contribuer à l'épanouissement de notre société dans la quasi-totalité de plusieurs domaines : économique, linguistique, social, culturel et politique etc.

L'immigration, c'est aussi une façon de contribuer au combat mondial contre les inégalités de revenu et de richesse et en même temps, elle entraîne des avantages économiques certains pour les immigrants eux-mêmes. Pour les natifs, ses avantages réels sont plutôt sociaux et culturels, à condition que la capacité d'absorption de la population d'accueil soit respectée. Et c'est la raison pour laquelle il faut faire de la pédagogie, afin de préparer l'opinion publique à l'accueil de nos futurs citoyens. Vous savez, une nouvelle chose fait toujours

---

[7] https://www2.gnb.ca/content/dam/gnb/Departments/petl-epft/PDF/PopGrowth/Strategie_croissance_demographique.pdf

peur, il faut déminer les pensées négatives et de peur à la racine et qui hantent plusieurs de nos concitoyens en matière d'immigration. À la place, il faut équiper, préparer, former, faire de la pédagogie pour qu'ils soient prêts le moment venu à entrer en contact avec l'inconnu.

En fait, si on mesure l'impact de l'immigration sur les finances de l'État, il faut conclure que l'immigration représente au total un coût net et non un avantage économique net pour la population d'accueil. La plupart des recherches existantes conduisent à cette conclusion par exemple, Dubreuil et Marois 2011 ; OCDE 2013 ; Grady et Grubel 2015.

Les travaux sur l'immigration du professeur Robert Putnam, de l'Université Harvard (2007), ont démontré qu'à court terme l'immigration et la diversité ethnoculturelle dans une communauté tendent à réduire les relations de confiance, le degré d'altruisme, l'intérêt à coopérer et la cohésion sociale. À long terme, ajoute-t-il, l'immigration et la diversité peuvent réussir, mais à condition d'être absorbées dans une culture commune renouvelée. La clé du succès consiste à éviter d'aller trop vite à court terme et à laisser à la communauté le temps de se construire peu à peu une nouvelle identité et de nouvelles solidarités.

Xavier Bertrand, homme politique en France disait que *"Quant à la gauche l'immigration est une chance et à droite c'est une catastrophe. Si c'est une chance il faut que les immigrants aient du talent, de l'envie, du génie"*. Le Nouveau-Brunswick est une province, en droit de choisir qui peut la rejoindre et en droit aussi d'exiger des immigrants qu'ils se plient à ses lois et à ses us et coutumes ...et que ces gens qui frappent à nos portes nous disent : j'aime le Canada et surtout j'aime la province du Nouveau Brunswick. Je veux contribuer économiquement en payant mes taxes et je veux y rester pour toujours avec les miens et c'est que j'appelle l'intégration. Vous savez quand on aime une personne, c'est être le miroir de votre âme. L'amour est le sentiment qui vous donne la force d'aller de l'avant et d'affronter toutes les difficultés de ce monde. Mais aimer quelqu'un, ce n'est pas que recevoir, c'est aussi donner : le soutien, le temps de qualité, l'acceptation de l'autre et la loyauté, la détermination et le dévouement, pensé à l'autre, imaginer son futur, les sacrifices, les moments difficiles, protéger la relation, avoir envie d'être avec la personne et avoir de l'affection. Il y a aussi des coups de foudre, mais cela ne suffit pas parce qu'il faut construire quelque chose de solide et après, aimer son lieu de vie avec cette personne avec qui on partage tout. Pour moi c'est aussi ça aimer sa province son nouveau chez soi c'est-à-dire aimer le sapin, le sirop d'érable, la poutine râpée, le homard, le dialecte chiac, le village acadien, la ville d'Alma au fin fond de Fundy Park, les têtes carrées, les analphabètes etc.

Quant à l'assimilation, elle a pour but de faire sienne l'histoire et les mœurs du Nouveau-Brunswick ce qui veut dire que l'immigrant s'approprie notre mode de vie, notre histoire et notre culture. Comme disait Romain Gary : *''Je n'ai pas une goutte de sang français, mais la France coule dans mes veines''*. Le Nouveau-Brunswick doit couler dans les veines de celles et ceux qui veulent vivre dans notre belle province.

Notre province a besoin d'une immigration de travail afin de soutenir notre croissance et non une immigration à dominante familiale. Notre démographie est une des moins dynamiques du Canada de sorte que nous avons besoin de plus de migrants parce que le vieillissement de la population est criant. Dans le même temps, la crise économique et sociale ; taux de chômage de l'ordre de 8.5%, très supérieur à la moyenne de notre pays le Canada, les déficits budgétaires et sociaux records, l'insuffisance de la construction de logements à bas coûts ne permettent pas l'accueil des nouveaux arrivants dans de bonnes conditions. L'inflation est à son plus haut niveau 8.8% pour le Nouveau-Brunswick.

Richard Saillant, économiste et spécialiste en politiques publiques disait : *''L'immigration et le logement sont deux enjeux indissociables qu'il faudra surveiller en 2022 au Nouveau-Brunswick. La manière dont s'articulent les politiques publiques pour solutionner la crise du logement pourrait être la clé du problème persistant du manque de travailleurs dans plusieurs domaines. Pour accueillir davantage de nouveaux arrivants au Nouveau-Brunswick, la contrainte principale, c'est maintenant de leur offrir un toit, affirme- t-il...Particulièrement dans les régions rurales, c'est le défi central. Il ajoute, " Si on veut parler de résorber les défis de main-d'œuvre, il faut d'abord et avant tout parler de logement"*[8]

Éric Zemmour disait que : *''l'immigration ne veut pas dire : je déteste la civilisation judéo chrétienne, je n'aime pas l'occident et je suis ici pour faire imposer sa civilisation et que ça déplaise ou non''.* En revanche, l'intégration des immigrants passe par des conditions nécessaires : la maîtrise de la langue, un emploi et un logement. Quand ces conditions ne sont pas remplies, la plupart des non-Canadiens rejoignent leurs compatriotes déjà installés dans d'autres provinces et

---

[8] https://ici.radio-canada.ca/nouvelle/1851045/economie-nouveau-brunswick-2022-inflation-penurie-main-oeuvre-logement

c'est une réalité majeure. Le cas récent, nous avons accueilli plus de syriens qui ont occupé nos logements sociaux pendant que nos citoyens qui paient l'impôt étaient dans le besoin depuis des années. Où sont-ils ces syriens ? Ils sont allés vers de grandes villes. Ce n'est pas juste, tout ça arrive à cause du manque de responsabilité de nos dirigeants, parce que la politique d'immigration qui est mise en place est vieillotte et ça ne fonctionne plus.

Voici le message d'accueil qui est affiché sur le site web du gouvernement du Nouveau-Brunswick et qui invite les citoyens du monde à venir s'installer chez nous : *''Il y a de bonnes raisons de s'installer au Nouveau-Brunswick. En plus des possibilités d'emploi dans divers secteurs et d'un cadre entrepreneurial dynamique, les gens choisissent le Nouveau-Brunswick pour profiter d'un mode de vie plus détendu et plus abordable. Les centres urbains et les petites communautés sont accueillants envers les nouveaux arrivants et offrent un environnement sûr et paisible pour commencer une nouvelle vie. Le Nouveau-Brunswick est la province qui offre la possibilité d'avoir une carrière et une qualité de vie exceptionnelles. Évitez la circulation et appréciez d'être à quelques minutes des rivières, des lacs et de l'océan Atlantique. Le Nouveau-Brunswick vous attend''*

Ce message ne reflète pas la réalité du terrain, parce que plusieurs immigrants qui ont été reçus parlent de quitter et qu'ils se sentent trahis. Plusieurs ont déjà quitté depuis belle lurette parce qu'ils ne trouvent pas leur place dans la société, après plusieurs tentatives pour une recherche d'emploi qui se solde le plus souvent par de petits jobs qui ne payent pas bien, soit c'est un problème de compétence en matière du diplôme qui est obtenu hors sol. Ils trouvent que le message qui est véhiculé pour inciter les gens à venir et à rester est rempli de mensonges. Plusieurs peinent à trouver un travail qui paye bien et les salaires sont très bas. Le gouvernement fournit un petit effort pour la rétention des immigrants et ce n'est pas toujours assez. Voici un fait majeur et qui en dit long au sujet de notre immigration. : *''Un Belge et son épouse nous disent avec la gorge nouée les problèmes qu'ils ont connus pendant leur séjour au Nouveau Brunswick. Il croit que la province trompe les immigrants lors de ses missions de recrutement à l'étranger : "Le Belge Alain Olagny compte plier bagage après cinq années passées au Nouveau-Brunswick. Il croit que la province trompe les immigrants lors de ses missions de recrutement à l'étranger. Alain Olagny et son épouse Anne Solfa ont quitté une Europe instable pour trouver la tranquillité au Nouveau-Brunswick. La province avait dit à M. Olagny qu'il avait le bon profil pour vivre dans les Maritimes, puisqu'il est entrepreneur. Près de cinq ans plus tard, le Nouveau-Brunswick lui laisse un goût amer. Sa lune de miel avec les Maritimes est bel et bien terminée. "Il y a les francophones qui voient un immigrant arriver [et se disent] :"Oh! C'est un nouveau conquérant". Ils se protègent! Il n'y a pas de trou où un [immigrant] peut entrer", déclare-t-il. M. Olagny reconnaît tout de même que l'accueil chaleureux promis était au rendez-vous. Mais il maintient que l'acceptation et l'intégration manquaient. **Au revoir Nouveau-Brunswick!** Il en a gros sur le cœur lorsqu'il songe au système de recrutement de la province. "On nous dit : "Ne vous inquiétez pas, vous pouvez vivre tout en français". Ah oui! On peut vivre, mais y travailler [c'est impossible] si tu ne parles pas anglais". Chauffeur de bus ou de limousine, tuteur de français et bénévole, les Olagny ont cumulé les petits em-*

plois. Alain Olagny, qui est entraîneur de basket-ball d'expérience, a même tenté de mettre sur pied un club à Riverview. L'absence de succès le force à mettre la clé sous la porte. "J'y ai cru en automne. Mais au mois de janvier, quand j'ai vu que je n'avais que de deux à trois joueurs, j'ai dit non!" Selon Alain Olagny, sa situation est loin d'être exceptionnelle. "Sur le groupe d'immigrants qu'on avait, il y a cinq ans. Il y en a 55 qui sont partis", souligne-t-il... De toute évidence, Alain Olagny ne compte pas faire partie de cette statistique. Il pense que la province doit s'interroger. "On pourrait inventer 50 000 solutions ou faire venir 50 000 immigrants, si le problème vous ne l'avez pas détecté à l'avance, convenablement identifié, vos immigrants, ils ne serviront à rien", assène-t-il. Avec ce sentiment, M. Olagny quitte la province. "Le gouvernement du Nouveau-Brunswick nous ment. Il détruit ma famille", conclut-il les larmes aux yeux"[9]

En 2019, La Société de l'Acadie du Nouveau-Brunswick (SANB) dénonçait un manque de ressources et d'argent pour que les immigrants francophones soient sur un pied d'égalité avec les nouveaux arrivants anglophones dans la province. Elle ajoutait que les efforts pour retenir les immigrants francophones sont insuffisants.

Selon Olivier Paillot, *"pour un nouvel arrivant, tout n'est pas aussi rose qu'on voudrait bien le dire. Il existe parfois un décalage entre d'un côté les élus et les entreprises locales qui encouragent l'immigration et de l'autre une partie de la population qui n'est pas toujours du même avis. Si l'on consulte les réseaux sociaux, on comprend que certains habitants redoutent l'entrée des étrangers susceptibles de prendre leur travail.*

---

[9] https://ici.radio-canada.ca/nouvelle/1097085/immigration-alain-olagny-belgique-deception

Beaucoup de gens ne connaissent pas nos motivations et n'imaginent pas les nombreux frais que nous avons investis dans notre processus d'immigration. Ils pensent au contraire que nous recevons des aides financières et matérielles au même titre que les réfugiés. Il y a visiblement un manque d'information de la population locale." Pour lui, c'est toutefois une réaction normale dans un monde encore très rural. "Immigrer dans une petite ville présente de nombreux avantages, mais il faut faire sa place dans une communauté tissée serrée" Une fois passée cette étape, l'optimisme ambiant agit :"La région offre de belles chances. Il y a de la demande pour la nouveauté et cela donne envie".

D'un côté le gouvernement dit aux gens qui veulent déménager ou habiter la province qu'ils sont chez eux et de l'autre côté ces gens ont de la misère à trouver des jobs avec des salaires décents. Quand ils trouvent un job les salaires sont généralement très bas et ils sont obligés de faire plusieurs jobs afin d'arrondir les fins de mois. Je ne connais pas un immigrant reçu qui gagne un bon salaire avec un seul job. Il faut qu'il fasse au moins deux à trois jobs pour s'en sortir au prix d'un manque de sommeil, loin de sa niche familiale. Tous sont fatigués et le paradis qu'on leur a vendu est devenu un enfer. Ils sont tétanisés, découragés, dépressifs, déçus, fatigués etc. la seule chose qu'ils ont besoin de faire c'est de plier bagage et de partir voir ailleurs.

Comment peut-on dire venez, vous êtes chez vous et en même temps laisser les gens vivre en déshérence. On ne leur propose rien de désirable, d'apprendre une langue, d'apprendre la culture, un travail, de les intégrer.... La désirabilité du Nouveau-Brunswick ne se construit pas autour d'un langage pessimiste que j'entends très souvent : nous sommes pauvres et nous sommes une petite province – *"Good Enough"*. Pourquoi ne pas dire, certes nous sommes pauvres mais nous rêvons de faire des choses en grand avec vous pour transformer cette province, sachez que nous avons besoin de vous. Et pour que cela arrive, nous avons besoin de vous comme immigrants. Votre investissement sera utile et important. Nous comptons sur vous.

Ce genre de discours est inexistant au sein de nos gouvernements qu'ils soient de droite ou de gauche. En revanche, ils sont pour une main d'œuvre pas cher. Une façon là aussi d'humilier les honnêtes employés qui bossent dur.

Pourquoi l'immigration fit-elle le jeu du grand capital ? En fait, l'immigration fait le jeu du capitalisme mondial, parce qu'elle se veut génocidaire de civilisations. Elle paupérise les peuples et les nations, elle sépare les membres d'une même famille, elle fait perdre le boulot, la dignité, la langue, la culture, la tradition. En revanche, les immigrants sont comme des animaux en cages sans aucune liberté. Allez dans le zoo et vous allez comprendre ce que je dis. On fait venir beaucoup d'animaux des autres continents et ils sont placés dans des cages sans aucune liberté. Mais pour les experts animaliers, ils croient que ces êtres jouissent de leur liberté parce qu'ils vont avoir la visite des fameux touristes qui paient une modique somme pour la circonstance, ce qui est faux. Amener un lion de la grande forêt africaine et le mettre dans une petite maison à ciment entourée de fils barbelés, c'est le sortir de son écosystème et de sa biodiversité. Personne n'a jamais été mis dans une cage et s'est senti libre. Et c'est ce que vivent la plupart des immigrants reçus dans notre pays. La cage c'est le néocolonialisme sous une autre forme, l'exploitation de l'homme, le rejet, le racisme, le confinement, l'isolement....

En matière d'emploi, le vrai problème est l'inadaptation de notre système de formation professionnelle. À laquelle s'ajoute l'insuffisante rémunération de certains métiers, car les salaires sont très bas à comparer d'autres provinces. J'ajoute que la crise de Covid - 19 sans précédent que nous vivons depuis deux ans va aggraver davantage le chômage de masse qui est une des caractéristiques de notre société depuis cinquante ans. En plus, l'inflation et la récession sont déjà à nos portes. Nous sommes face à une période très dure économiquement.

Vous savez que l'intégration et l'assimilation ont toujours été le parent pauvre de la politique migratoire de notre province à comparer à celle de nos voisins du Québec. Faire venir les immigrants chez nous ne sert à rien si les étapes suivantes, celles de l'intégration et l'assimilation, ne sont pas réussies. Naturellement, l'intégration et l'assimilation ne dépendent pas seulement de la province qui accueille. L'étranger a sa part de responsabilité et s'il ne manifeste pas la volonté de s'intégrer ou de s'assimiler en apprenant la culture et en cherchant activement un emploi, celui qui paie bien et la question devrait se poser si nous avons réussi les deux étapes. Jusqu'à date nous n'avons pas réussi ces deux étapes, parce que plusieurs immigrants n'ont pas le désir de vivre ici. Ils parlent toujours de quitter pour enfin aller vivre ailleurs. Ils trouvent que le gouvernement ne fait pas assez pour que ces ''citoyens du monde'' restent et vivent ici. Ne soyons pas dupes, une intégration et une assimilation réussies exigent une répartition plus équilibrée des immigrés sur le territoire et des moyens financiers colossaux. La troisième étape est de miser sur la plupart des adultes qui arrivent pour ce qui est de la formation professionnelle, si l'on veut éviter que l'immigration ne soit un échec.

Le capitalisme veut que les immigrants deviennent davantage des consommateurs, drogués, addictifs ou toxiques et qu'ils soient dans l'incapacité d'arrêter de consommer parce que ça profite aux riches. Venez chez nous, vous aurez tous de belles vie et des passeports canadiens, vous allez effectuer le travail que nous détestons et ainsi vous utiliserez nos services sociaux et par ricochet vous investirez chez nous pour solidifier notre économie qui se porte déjà mal et par ricochet nous avons fait venir pour payer nos retraites. En plus, nous avons besoin d'une autre main d'œuvre, celle qui remplace nos baby-boomers défectueux avec moins de capacité à travailler. Le vieillissement de la population a des conséquences économiques et sociales : éducation, travail, retraite et santé. Alors, l'appel à immigrer dans notre province n'est pas anodin. Nous voulons des personnes immigrantes qui vont s'installer chez nous, travailler et payer leurs cotisations de retraite. Une grande aide pour notre économie

Selon les deux expertes en matière de finances : Reicha Hingorani, première directrice, Planification financière à RBC et Robin Taub, consultante en littératie financière et auteure: ''*Pour les Canadiens de la génération X, la retraite peut sembler bien lointaine. Cette génération regroupe les gens nés après le baby-boom de la Deuxième Guerre mondiale qui ont aujourd'hui entre 36 et 50 ans. Au sommet de leur vie active, ils ont souvent une hypothèque et des enfants sous leur responsabilité. Certains ont encore un prêt étudiant à rembourser. La retraite n'est pas encore une priorité pour eux, comparativement aux baby-boomers qui sont actuellement dans la cin-*

quantaine ou la soixantaine. Mais, selon Richa Hingorani, première directrice, Planification financière à RBC, ils devraient y voir. Ils sont encore loin de la retraite, mais le chemin pour y arriver sera plus cahoteux que celui des baby-boomers. "La génération X, moins nombreuse que la précédente, a reçu moins d'attention, mais a une meilleure espérance de vie, ce qui aura une incidence sur la santé et le revenu de retraite" souligne Mme Hingorani. C'est bien connu, les Canadiens n'épargnent pas assez pour la retraite. Le 26ième sondage annuel de RBC sur les REER, réalisé auprès de 2 217 Canadiens de plus de 18 ans, a révélé que 58 % des répondants craignent par-dessus tout de manquer d'argent s'ils vivent jusqu'à 100 ans. Cependant, près du tiers des répondants n'a pas encore commencé à mettre de l'argent de côté pour la retraite. La récession de 2008-2009 est l'une des raisons pour lesquelles les membres de la génération X ont de la difficulté à se préparer une retraite à l'abri des soucis, explique Mme Hingorani. La volatilité des marchés a touché les deux générations et s'est répercutée sur l'épargne accumulée. La génération X a dû cependant composer avec un autre facteur. "Comme leur revenu était à son plus haut niveau à ce moment-là, la récession a eu une incidence négative sur les échelles salariales, diminuant leur capacité d'épargner en vue de leurs objectifs, dit-elle. Même les augmentations de salaire ont ralenti et ont mis du temps à revenir à la normale. Le plan d'épargne de la génération X a été perturbée". Le marché immobilier a aussi entraîné des répercussions sur la génération X, ajoute Mme Hingorani. "Ils ont acheté leur maison en pleine bulle immobilière, ce qui a eu une incidence sur le montant de leur hypothèque, mentionne-t-elle. Leur période d'amortissement et leur endettement hypothécaire sont supérieurs à ceux des baby-boomers. La génération X est donc plus susceptible d'être encore endettée après la retraite si elle ne fait pas attention". Quant à Robin Taub, consultante en littératie financière et auteure, elle convient que le chemin vers la retraite de la génération X sera plus cahoteux que celui des baby-boomers. Les régimes de retraite constituent l'un des plus gros problèmes, selon elle. "Bien des boomers travaillent dans des entreprises offrant un régime à prestations déterminées, par rapport au régime à cotisations déterminées dont les employés de la génération X doivent se contenter, lorsqu'ils ont la chance d'en avoir un", explique Mme Taub. Le revenu versé par un régime à prestations déterminées est fixé à l'avance et géré par l'entreprise. Dans le cas d'un régime à cotisations déterminées, le montant que vous toucherez n'est pas fixé à l'avance. C'est l'employé qui décide de la façon dont les fonds seront investis ; par conséquent, le montant qu'il touchera variera en fonction du rendement de ses placements. "C'est à vous de vous constituer un bas de laine, que ce soit un REER (régime enregistré d'épargne retraite), un CELI (compte d'épargne libre d'impôt) ou un compte non enregistré, précise Mme Taub. Vous recevrez des prestations du Régime de pensions du Canada (RPC) ou du Régime de rentes du Québec (RRQ) et de la Sécurité de la vieillesse, mais selon votre mode de vie, vous aurez besoin de vos propres économies. Ça fait vraiment toute une différence". Accumuler de l'argent peut être difficile pour les membres de la génération X, car ils ont tendance à ne pas épargner suffisamment, ajoute Mme Taub. "Si vous comptez sur la valeur de votre maison, surtout si vous vivez à Toronto ou Vancouver, vous devrez au moment de la retraite trouver une maison plus petite et moins chère, ce qui n'est pas toujours facile. Vous pourriez avoir à déménager dans une petite ville ou dans une maison moins spacieuse que celle où vous habitiez auparavant. C'est *une stratégie qui bien souvent ne rapporte pas beaucoup" Avec l'avènement de la génération X, le comportement des consommateurs a changé, souligne Mme Hingorani. "Cette génération a transformé notre perception de l'endettement et notre façon d'utiliser les cartes de crédit. L'idée d'avoir facilement accès à de l'argent grâce à une carte en plastique a emballé cette génération qui s'est engagée dans un cycle d'endettement où le montant des hypothèques et du solde des cartes de crédit a rapidement grimpé. De plus, cette génération sandwich s'est retrouvée coincée entre les soins à apporter à des parents vieillissants dont l'espérance de vie est plus longue et le désir d'aider leurs enfants qui sont à l'université...Les jeunes doivent parfois contribuer au paiement de leurs études en travaillant, en obtenant une bourse ou un prêt étudiant. Tous ces facteurs réunis compliquent la tâche de la génération X lorsqu'il s'agit de mettre de l'argent de côté pour la retraite"[10]*

L'immigration est-elle une solution au problème du vieillissement de la population? Parmi les avantages économiques présumés de l'immigration pour la population d'accueil, on retrouve l'idée répandue qu'elle serait une solution au problème du vieillissement de la population. Cette idée ne tient pas la route. Le vieillissement coûte cher parce qu'il signifie que la population des aînés, qui a besoin de soutien financier, de soins de santé et de services sociaux, augmente plus vite que la population d'âge actif qui paie des impôts pour financer ces services publics accrus. Une simulation de chercheurs de l'Institut C.D. Howe (Banerjee et Robson 2009) a démontré qu'empêcher le rapport de dépendance aî-

---

[10] https://decouverte.rbcbanqueroyale.com/pourquoi-le-chemin-de-la-retraite-est-il-plus-si-nueux-pour-la-generation-x-que-pour-les-boomers/

nés/jeunes d'augmenter tel que prévu par Statistique Canada exigerait que le nombre annuel d'immigrants au Canada soit immédiatement multiplié par 5. Au Québec, cela signifierait une hausse colossale qui ferait passer l'immigration internationale de 45 000 à 225 000 par année. Tout à fait inimaginable. Même seulement doubler l'entrée annuelle d'immigrants à 90 000 serait probablement rejeté par la population québécoise, tout en éraflant à peine la poussée du vieillissement. De plus, à long terme, cette déferlante d'immigrants poserait à son tour les mêmes problèmes de vieillissement que nos générations actuelles de baby-boomers. L'étude de l'Institut C.D. Howe propose plutôt, *"comme antidote aux effets du vieillissement, l'indexation de l'âge de la retraite à l'espérance de vie en santé, comme on le fait en Suède depuis quelque temps"*.

Quant aux entreprises, il faut éduquer et faire de la pédagogie aux employeurs face à l'immigration parce que, plusieurs entrepreneurs ou entreprises sont encore dans des vieux concepts et de mode de pensée anti-immigrants quand il s'agit du recrutement. La plupart des entrepreneurs ont un langage et des codes comme : *"Ils ne sont pas de nous autres"* pour dire *"ils ne sont pas d'ici"*. L'entreprise Google doit sa réussite à son ouverture au monde, et au fait qu'elle a été inclusive. Vous savez les <u>IDÉES</u> n'ont pas de couleur et elles transcendent nos différences et peuvent construire une gigantesque entreprise et créer plus d'emplois. Tous employeurs doivent renforcer le combat contre la discrimination à l'embauche. Si par exemple "Paulin Bourque" pose sa candidature à un poste d'emploi offert par le gouvernement fédéral et que son curriculum vitae est excellent, il va probablement recevoir un appel de l'employeur en retour soit parce que son nom est très familier, soit parce qu'il connait une personne au sein de l'équipe qui embauche, soit parce qu'il fait partie d'une caste etc. Mais si "Koffi Amadou" envoie un curriculum vitae qui est identique à celui de "Paulin Bourque", il est moins probable qu'il reçoive des nouvelles de l'employeur, tout simplement parce qu'il a un nom "bizarre". Pour certains employeurs apprendre à prononcer un nom dont ils ne connaissent pas l'origine est une catastrophe. Son nom engendre une certaine peur de celui qui est supposé d'être accueilli et en même la peur de l'inconnu. Ce comportement de certains employeurs canadiens de nos provinces est malheureusement fréquent et il faut le corriger.

Les entreprises qui veulent combler des postes vacants au sein de leur écosystème ne doivent pas seulement être en demande auprès des gouvernements en matière d'immigration, mais aussi assumer en contrepartie la tâche de responsabiliser leurs membres contre les tendances discriminatoires décourageant les immigrants à l'embauche. Il y a une contradiction au moins apparente entre le discours d'entreprises qui demandent plus d'immigrants pour subvenir aux pénuries de main-d'œuvre et le comportement de certaines d'entre elles qui ne répondent pas aux besoins des nouveaux immigrants.

L'immigration entraîne des avantages économiques certains, bien que moins importants aujourd'hui qu'il y a 40 ans, pour les immigrants eux-mêmes. Mais elle apporte peu d'avantages significatifs pour le niveau de vie moyen de la population d'accueil. En même temps, elle représente un coût net pour les finances de l'État et elle n'est une solution ni au problème du vieillissement de la population ni à des pénuries généralisées de main-d'œuvre, pour le moins incertaines. La composition de l'immigration peut cependant répondre aux besoins particuliers des entreprises, dans la mesure évidemment où la discrimination contre les immigrants à l'embauche est minimisée.

Le grand historien de l'économie canadienne et expert en matière d'immigration, feu Alan Green, de l'Université Queen's, en tirait dès 2003 la conclusion qu'au 21e siècle l'immigration allait se justifier par sa dimension sociale et humanitaire beaucoup plus que par le rôle économique qu'elle joue. Ce qui nous ramène au second ressort du consensus politique canadien décrit par le professeur Reitz en 2012 et mentionné plus haut: un engagement moral en faveur de la diversité culturelle.

CHAPITRE IV
RELANCER L'ESCALIER SOCIAL

Ces dernières années ont été le théâtre de contestations et de manifestations de masse qui ont été diligentées et dirigées par des citoyens de plusieurs pays dans le monde. Ces pays ont connu plusieurs révoltes et soubresauts. On parle de la révolte du printemps arabe par exemple, des gilets jaunes en France qui a fait trembler l'exécutif, l'exceptionnelle révolte libanaise, là aussi le peuple s'est révolté vis-à-vis de l'État qui dans l'ensemble est corrompu et antidémocratique. Il vole et pille les ressources du peuple sans aucun respect des lois. Il n'y a pas de concertation à l'échelle nationale. La population en a marre et elle est prête à en découdre contre ses propres dirigeants corrompus. Le gouvernement a de la misère à former un gouvernement d'union nationale. Les premiers ministres se succèdent et ils butent face aux embûches et l'intransigeance des uns et des autres. La plus récente est la révolte des ''Truckers'' au Canada, des centaines de camionneurs assiègent la capitale pour dénoncer l'obligation vaccinale qui leur est imposée depuis deux ans par les gouvernements : fédéral et provincial. Une preuve que les populations ne sont pas satisfaites de leurs conditions de vie et des dispositifs de la gestion des États existants ce qui veut dire qu'il y a un problème grave. Tous ces soubresauts affectent notre démocratie qui va déjà très mal. Les élites politiques s'accaparent le pouvoir et ils ne veulent pas le partager avec le peuple. C'est frustrant et révoltant pour le citoyen lambda ...

Toutes ces contestations soulèvent plusieurs questions importantes concernant : l'inégalité, le sentiment d'impuissance, l'humiliation, nos libertés sont cadenassées et l'absence de voix citoyennes. Le fait d'avoir autant de personnes qui marchent, cassent, font un bras de fer contre le gouvernement, tirent parfois sur la police à balles réelles, lancent des cocktails molotov sur la police. Les casseurs ont parfois le loisir de brûler des voitures, vitrines brisées, de briser les vitres des commerces et d'affronter les forces de l'ordre, les services d'incendie et l'armée etc. pour se faire entendre en dit long sur l'état actuel de nos institutions qui sont majoritairement malades.

Quand on voit tous ces mouvements qui ont pour seul but les revendications légitimes, ils nous font comprendre le déséquilibre qui existe entre les citoyens et les élites au pouvoir, les pauvres et les riches - les riches deviennent de plus en plus riches et les pauvres deviennent encore et encore pauvres. C'est un contrat social à géométrie variable, ce qui veut dire qu'il n'y a pas de contrat social sain. Si les gens sont satisfaits de leur qualité de vie, je ne pense pas qu'ils seront en train de parler aujourd'hui de toutes ces questions sur les médias sociaux, des plateaux de télévisions à longueur de la journée ou en train de stigmatiser ceux qui marchent pour revendiquer ce qui me paraît légitime et ce qui est de droit.

Si un contrat social sain était mis en place, je ne pense pas que nous verrions autant de mouvements protestataires et contestataires dans les rues, dans les campagnes, dans les villes et dans plusieurs pays, un niveau aussi élevé de rejet de la politique conventionnelle aux urnes. Les populations qui marchent veulent qu'une seule chose, qu'il soit instauré la démocratie directe, dans laquelle l'essentiel des décisions sont prises par l'ensemble des citoyens. Pour la démocratie directe, le principal outil de gouvernance est le référendum. Cette démocratie directe donnerait le pouvoir au peuple. Le peuple pourrait dire s'il est d'accord ou pas des décisions qui sont prises par les politiques et qui touchent leur porte-feuille. Pour ma part c'est légitime et voire honorable et c'est ce que j'appelle une souveraineté du peuple. Cette souverai-neté est constituée de citoyens libres et égaux et elle repose sur le respect de leur liberté et de leur égalité. L'exercice de la souveraineté politique en démocratie exige que le peuple soit véritablement constitué de citoyens.

*"**Les souverainistes non identitaires s'attachent aux in-térêts nationaux** et il fait au contraire abstraction des ques-tions d'identité nationale. C'est ce qui le distingue du souverai-nisme en général revendiqué par les populistes et nationalistes en Europe et dans le monde. Ajout au souverainisme identi-taire, ce souverainisme non identitaire, méthodique et prag-matique, permet néanmoins d'obtenir des majorités lors de grands référendums populaires. Ce fut en particulier le cas lors du vote français contre la Constitution européenne en 2005, en Suisse à deux reprises (1992 et 2014) et au Royaume Uni en 2016 (Brexit). Les souverainistes non identitaires considèrent simplement la souveraineté comme un ensemble de marges de manœuvre politiques et économiques auxquels les États ont ra-rement intérêt à renoncer dans leur politique étrangère. Ils peuvent être de gauche, considérant la nation comme seule vé-ritable unité déterminée et opératoire de la démocratie. Ils se-ront dans ce cas qualifiés en France de nationaux-civiques (Jus-tine Lacroix, citée par Blaise Fontanellaz dans "Entre Sonder-fall et Intégration, p. 25, Université de Genève et L'Harmattan, 2019). Ils peuvent aussi relever du libéralisme national, ou*

conservateur si l'on veut y ajouter une connotation péjorative. *Cette sensibilité distingue la logique politique, considérée comme nationale en premier lieu et en dernière instance, de la logique économique de globalisation, avec sa soft gouvernance mondiale tendant à nier les souverainetés nationales. S'agissant de la Suisse plus précisément, ce souverainisme lucide et dépassionné repose simplement sur la conviction que les Suisses n'ont en général rien à gagner en cédant à la politique de puissance de l'Union Européenne. Ni à aucune politique ayant pour ambition de peser dans les affaires du monde à la place et au détriment de ceux qui ne font pas le poids. Or la Suisse ne fait pas le poids. Elle ne le fera ni seule, ni diluée dans une Europe franco-allemande élargie dans laquelle elle ne compterait que pour 1,6%. Elle ne peut exister à son juste niveau qu'avec d'autre petits États dans le monde, très ouverts politiquement et commercialement, revendiquant comme elle le droit à la neutralité et à l'égalité de traitement face aux grandes puissances*"[11]

Étymologiquement la démocratie est issue des termes grecs : dêmokratia, formé de dêmos, "peuple", et de kratos, "pouvoir". On parle donc de pouvoir du peuple, de gouvernement du peuple. Abraham Lincoln, président des États-Unis de 1860 à 1865, aurait un jour déclaré que la démocratie était : "*le gouvernement du peuple, par le peuple et pour le peuple*"[12]. Suivant ce principe, la souveraineté appartient donc au peuple, qui choisit ceux qui le gouvernent, ce qui veut dire que le pouvoir devrait être exercé pour le peuple

---

[11] https://blogs.letemps.ch/francois-schaller/2019/09/11/ce-que-souverainisme-non-identitaire-veut-dire/

[12] Benoît Mercier et André Duhamel, La *démocratie; ses fondements, son histoire et ses pratiques*, Québec, Le Directeur général des élections, 2000, p. 13 et 15

c'est-à-dire dans son intérêt, dans l'intérêt commun de l'ensemble du peuple, et non dans l'intérêt d'une certaine frange des politiques, des élus du peuple, de dynasties, des oligarchies ou de groupes influents - L'objectif premier de la démocratie est de faire en sorte qu'aucun personnage ni aucun groupe n'ait un pouvoir excessif.

Vous savez, vous et moi que notre démocratie a été phagocytée par des groupes influents, des oligarques, des dynasties qui font le copinage avec le gouvernement cherchant à maintenir en perpétuant certains gouvernements au pouvoir, des tentations oligarchiques chez les détenteurs de pouvoir, et des groupes de pression cherchant à faire prévaloir aussi leurs intérêts catégoriels et non ceux du peuple. Plus grave encore : nos systèmes politique et économique coopèrent pour perpétuer ces injustices extrêmes. Et pourtant, c'est ce peuple qui pour la plupart paie ses impôts pour le bien commun, pour une société plus juste et plus égalitaire. Nos élus devraient voter des lois afin de mettre en échec ces tentatives de dévoiement, nuisibles à l'intérêt général du peuple. Il faut empêcher les abus de pouvoir politiques, ce qui veut dire qu'il faudrait en même temps maintenir notre système de contrôle et de contre-pouvoirs. L'importance des systèmes de contrôle et de contre-pouvoirs en démocratie est une bonne chose, parce qu'ils sont efficaces. Une façon là aussi de ne pas enlever certaines libertés à une minorité, parce qu'un pouvoir excessif est trop souvent utilisé abusivement. Nous nous souvenons du président américain Donald Trump qui a contrôlé avec la main de fer l'administration professionnelle américaine, dont le rôle est capital pour prévenir une politisation excessive des processus publics !

Malheureusement, nos élus sont incapables de le faire. Ils sont perçus par la majorité de la population comme des simples instruments face aux lobbyistes, oligarques, riches et enfin des groupes influents etc. et non comme des politiques capables du jugement de Salomon dont la sagesse est censée unir le pays. Un élu doit avoir une hauteur de vue autre que de régler les petits soucis des uns et des autres dans sa propre circonscription. Qu'est-ce qu'on attend d'un élu, c'est parfois d'avoir des intuitions sur ce qui va arriver pour les dix et vingt ans à venir. Ce qui sous-entend des problèmes que nous vivons et qui sont spécifiques à notre époque et qui n'existaient pas du tout il y a environ vingt ou trente années auparavant, comme le numérique. Est-ce que nos démocraties sont vraiment solides ou en danger? La vision qu'ont nos élus, elle ne va pas au-delà du mandat de quatre ou cinq ans, alors que nous sommes confrontés à des modifications de la société.

Si la gestion de nos gouvernements était régie par le système de démocratie directe, il y a fort à parier que plusieurs leaders seraient au pouvoir aussi longtemps que possible. Cet exemple éclaire parfaitement la différence entre ces deux régimes démocratiques : représentatif et direct. Ce chantier peut aider à la réflexion, ceux qui croiraient peut-être que la pratique actuelle dans notre province devrait être changée - Plus grave encore : nos systèmes politique et économique coopèrent pour perpétuer ces injustices extrêmes. Si la démocratie va mal, ça n'empêche pas nos élus du peuple de dormir, cependant ça les arrange. Moins d'efforts et d'énergie à mettre pour faire avancer les choses et faire des réformes subséquentes. Ils adorent la démocratie représentative parce qu'ils ont un pouvoir décisionnel en son nom. Ils rédigent et promulguent des lois qu'ils sont chargés de faire appliquer.

Il y a un grand bémol sur le plan national, provincial, c'est que plusieurs organisations de la société civile sentent que leurs voix sont progressivement réduites au silence. Face aux dispositifs de gouvernance, elles expriment donc de plus en plus leur déception.

La société civile forme l'arène où les personnes débattent, discutent, avancent différents points de vue, négocient et tentent d'atteindre un consensus. En d'autres termes, elle fournit un espace légitime où des alternatives et des solutions peuvent être articulées, soutenues, et avancées. La vraie question à mille dollars : Comment la société civile peut-elle contribuer à l'élaboration d'un nouveau contrat social? Je pense qu'un nouveau contrat social devrait avoir comme but de protéger et de faire la promotion du droit des personnes à travailler ensemble et à vouloir progresser vers le bien commun. En plus, il faut les espaces où des débats peuvent être tenus et offrir de multiples plateformes pour la concertation et la participation citoyenne. Les citoyens atteignent cet objectif de manière plus efficace, lorsqu'ils travaillent ensemble, par exemple à travers une grande variété d'organisations, de regroupements informels, pour offrir une pluralité de moyens pour la participation.

Au niveau de l'interaction entre les individus, plusieurs sociétés sont de plus en plus caractérisées par l'aliénation, la violence, et la dégradation des relations normales. Dans plusieurs pays, l'urbanisation, l'évolution des modes de travail et la croissance des nouvelles technologies de communication, sont des facteurs parmi d'autres qui représentent un défi. Ces éléments parviennent même à dégrader les structures familiales et sociales qui étaient préalablement fermement enracinées. Ainsi, cela vient confirmer encore une fois le besoin d'investir dans de nouveaux espaces, des processus, ainsi que de nouveaux moyens et modes de travail qui rassemblent les individus.

Sur les plans national et mondial, plusieurs organisations de la société civile (OSC) sentent que leurs voix sont progressivement réduites au silence. Elles expriment donc de plus en plus leur déception face aux dispositifs de gouvernance qui privilégient les voix du secteur privé, des élites et des gouvernements puissants, et cela, même lors des processus nationaux et multinationaux. Dans plusieurs pays, les gouvernements appliquent de plus en plus de restrictions sur la société civile, ce qui rend le travail de cette dernière plus difficile. Les expériences multilatérales récentes comme la conférence de Rio+20 démontrent à quel point il est difficile pour la société civile de se faire autant entendre que les gouvernements, les grandes compagnies du secteur privé, ou les autres membres de l'élite. Beaucoup sont convaincus que les structures actuelles de gouvernance mondiale desservent l'humanité, et que l'incapacité répétée des structures et des processus multinationaux à arrêter les violations des droits de la personne est un échec majeur.

Dans plusieurs pays qui ont vécu une crise économique, la réaction des gouvernements a été de réduire les dépenses publiques, en privilégiant et en protégeant les institutions financières. Ceci implique encore une fois une rupture du contrat social tacite et des règles d'engagement entre les différents secteurs – il faut une négociation bilatérale, qui n'exclut pas la société civile et les voix des citoyens.

La panne de l'ascenseur social dans notre province, c'est aussi une panne d'une vision optimiste de la société qui a manqué, cependant elle a été encouragée et développée par plusieurs de nos gouvernements. Les gouvernements qui se succèdent nous disent qu'ils vont renverser la courbe des inégalités sociales, de la pauvreté, du pouvoir d'achat et de l'inflation… hélas nous y sommes encore à la case de départ. Rien n'a vraiment changé jusqu'à aujourd'hui pour le quotidien de chacun de nous, il n'y a pas d'amélioration et ça va du mal en pis – la preuve est que nous sommes confrontés à une inflation majeure qui fait le bon et le mauvais temps dans le pays et la banque du Canada n'a pas de choix que d'abaisser son taux directeur pour soutenir l'économie nationale mise à mal par la perte de millions d'emplois et plus tard pour stimuler la relance économique. Selon la banque du canada : *"L'objectif de cette politique monétaire est de préserver la valeur de la monnaie en maintenant l'inflation à un niveau bas, stable et prévisible. Elle permet ainsi aux Canadiens de prendre des décisions en matière de dépenses et d'investissements avec une plus grande confiance, favorise l'investissement à long terme dans l'économie du pays et contribue à une création d'emplois soutenue et à l'accroissement de la productivité : des ingrédients nécessaires pour améliorer notre niveau de vie"*. En revanche, les conditions des citoyens en matière de pouvoir d'achat restent une préoccupation première de notre société. Une grande partie de la population ne vit pas mais survit. En ce mois de mars 2022, le prix du carburant à la pompe a atteint des sommets. **Au** New-Brunswick - prix de l'essence:

Nous comparons les prix du 29-novembre-2021 au 07-mars-2022. La valeur moyenne pendant cette période était de 1.54$ (Dollar canadien) avec un minimum de 1.44$ (Dollar canadien) en 13-décembre-2021 et un maximum de 1.76$ (Dollar canadien) en 07-mars-2022. A titre de comparaison, le prix moyen de l'essence dans le monde pour cette période est de 2.20$ (Dollar canadien). Et c'est un fait ! Comment le citoyen lambda peut payer l'essence à la pompe s'il gagne $12.50/heure?

Quant aux aliments, Il faut aussi prévoir payer davantage. Déjà, fin 2021, dans son rapport annuel sur les prix alimentaires, les experts de l'Université Dalhousie et de l'Université de Guelph prévoyaient une hausse des aliments en 2022 : *"Les prix des aliments ont augmenté de 3,9 % au Canada en 2021. Cette hausse se poursuivra l'an prochain, pour atteindre 5 % à 7 %, selon les estimations contenues dans le Rapport annuel sur les prix alimentaires, ce qui équivaut à 966$ de plus pour une famille de quatre personnes. Les chercheurs de l'Université Dalhousie et des Universités de Guelph, de la Saskatchewan et de la Colombie-Britannique produisent leur rapport en analysant notamment les données de Statistique Canada pour l'année qui se termine et en appliquant des modèles prédictifs à plusieurs variables pour l'année à venir. En 2021, ce sont les prix des viandes (+9,5 %) et des aliments tels que le sucre, le café, les huiles et les condiments – nommés autres (+5,3 %) – qui ont augmenté le plus. Les prix des produits laitiers ont quant à eux augmenté de 5,1 %"*[13]

---

[13] https://cdn.dal.ca/content/dam/dalhousie/pdf/sites/agri-food/Food%20Price%20Report%202021-FR%20(December%201).pdf

Ces trois tableaux indicateurs qui sont présentés par les chercheurs des Universités suivantes : Dalhousie, Guelph, Saskatchewan et de la Colombie-Britannique ne font que confirmer cette continuité des hausses des prix en 2022. Et l'entrée en guerre de la Russie qui est un des plus grands vendeurs du blé, du gaz et du pétrole dans le monde n'aide pas à stopper l'augmentation des denrées alimentaires. Tout devient de plus en plus cher....

TABLEAU 3: PRÉVISION PAR PROVINCE POUR 2021

Provinces	Changements de 2020[45]	Prévisions pour 2021[46]
Alberta	↓	↓
Colombie-Britannique	↑	↑
Manitoba	↓	↓
Nouveau-Brunswick	↓	↑
Terre-Neuve-et-Labrador	↓	↑
Nouvelle-Écosse	↑	↑
Ontario	↑[47]	↓
Île-du-Prince-Édouard	↑[48]	↑
Saskatchewan	-	↓
Québec	-	-

L'inflation par laquelle traversent nos pays et particulièrement notre province, on sait davantage que cela sera beaucoup difficile économiquement. En plus, on sait qu'on va avoir une inflation beaucoup plus forte, des taux d'intérêt plus élevés, une dette publique considérable. Et tout ça va pousser les gens à bout et le résultat sera : moins de gens qui paient l'impôt, moins de gens qui veulent aller travailler, plus de travail au noir, plus de criminalité, plus de drogues vendus, plus de sans abri, plus de banques alimentaires, plus de blanchissement d'argent. Et quant aux élections futures : municipale, provinciale, fédérale le mot d'ordre sera abstention.

L'essentiel aujourd'hui c'est faire face à des crises : inégalités sociales, le pouvoir d'achat, immigration, morale, système politique etc. Face à toutes ces panoplies de crises qui tombent sur nous comme de la grêle, il y a une crise d'angoisse sur notre avenir et sur notre destin. Où allons-nous ? Si rien ne change, il faut des tonnes de générations et de décennies, je dis bien des "tonnes" pour que les enfants d'un foyer aux revenus modestes, les moins riches puissent atteindre le revenu moyen des citoyens de notre Province. Je ne suis pas alarmiste mais réaliste, parce que les faits nous parlent. Et cela ne date pas d'aujourd'hui, cependant la situation ne fait qu'empirer.

Le Nouveau-Brunswick est un endroit où la mobilité sociale est la plus faible au pays. Vous vous imaginez un ménage sur deux appartenant aux classes moyennes est aujourd'hui obligé de dépenser plus qu'il ne gagne. Le déclassement des classes moyennes est d'autant plus inacceptable aujourd'hui et la crise accélère le déclassement de classes moyennes. Comment définir le déclassement ? Parfois dénommé mobilité sociale descendante, le déclassement désigne en sociologie le fait de descendre l'échelle sociale, c'est-à-dire de dériver vers un rang social inférieur au milieu dont on est issu. Dans l'ouvrage *Social Mobility* (1927), Pitirim Sorokin envisage plusieurs dimensions à prendre en compte pour analyser le statut social d'un individu : *"sa catégorie professionnelle, sa participation au pouvoir politique et son accès aux richesses économiques".* Mais d'autres enjeux comme l'origine ethnique, la religion ou encore le sexe d'un individu peuvent également influencer sa position dans la société.

Les causes du déclassement sont nombreuses et elles s'expliquent par :

- Des inégalités de revenu croissantes et une pauvreté en hausse à l'échelle mondiale des signes avant-coureurs du fossé qui ne cesse de s'élargir entre les riches et pauvres
- Le ralentissement de la croissance économique au niveau national et provincial - inflation
- La mondialisation du marché du travail et ses conséquences, ses complexités en termes de sélectivité et de hiérarchisation

Le XXe siècle, qui a été une époque de démocratisation de l'accès et d'unification des modes de vie, semble en passe de s'achever. Je pense que cette parenthèse qui a été ouverte s'est fermée. Vous savez, notre système social qui a toujours été basé sur le principe de la redistribution avait permis à un moment donné de lutter contre les inégalités et la pauvreté. Malheureusement, certains choix politiques qui ont été pris par nos gouvernants ont réduit la participation des plus riches à l'effort de solidarité nationale ou provinciale par l'impôt et ça fragilise le financement de nos services publics. La situation ne fait que s'aggraver depuis plus de cinquante ans. Tous nos gouvernements qui se succèdent, privilégient clairement les intérêts des riches au détriment des plus précaires. Les faits démontrent que les inégalités sont toujours à la hausse, et la pauvreté également.

- La fortune des 87 familles les plus riches du Canada serait 4400 fois plus élevée que celle des familles canadiennes moyennes, indique une étude publiée par le Centre canadien de politiques alternatives[14].

---

[14] https://www.journaldemontreal.com/2018/07/31/lecart-de-richesse-grandit-au-canada

- Les familles ultra riches possèdent 13,7 % de la richesse[15]

- Born To Win: Wealth concentration in Canada since 1999 montrent que l'écart entre les 87 familles les plus riches du Canada et les familles moyennes s'est creusé de manière importante depuis 17 ans.

- La valeur collective des 87 familles les plus riches au Canada est de 259 milliards de dollars. Cela représente 10 milliards de dollars de moins que la valeur collective de tous ceux qui habitent les provinces des Maritimes. Leur richesse égale celle de 12 millions de Canadiens regroupés.

- Les milliardaires du Canada et en particulier ceux du Nouveau-Brunswick sont ceux qui ont vu leur richesse le plus augmenter l'année dernière, pendant la pandémie.

- Les grandes dynasties canadiennes ont tout pour elles : plus de richesse, plus d'argent à hériter. Et elles sont aussi peu taxées qu'en 2014, dernière année où on a vérifié cet écart, a indiqué l'économiste David Macdonald, l'auteur de l'étude.

- En 2021 - les 14 milliardaires les plus fortunés du Canada se sont encore enrichis d'un autre 17 milliards $ collectivement. La fortune de ce petit groupe d'ultra-riches représente désormais un peu plus de 115 milliards $ au total[16]

---

[15] https://www.journaldemontreal.com/2020/06/17/la-richesse-des-plus-nantis-plus-elevee-que-prevu-au-canada

[16] https://pivot.quebec/2021/12/16/la-fortune-des-ultra-riches-grandit-et-les-inegalites-aussi/

- Les 0,5 % les plus riches accaparent à eux seuls jusqu'à 20,5 % de la part du patrimoine total. Le nouveau calcul se base notamment sur des données de 2016.

- La part du patrimoine de 1 % des familles les plus riches est plus élevée que les estimations faites jusqu'ici, a fait savoir le directeur parlementaire du budget (DPB).

- 100 familles milliardaires au Canada ont plus de richesse que les 40 % de familles canadiennes les plus pauvres.

- La valeur nette totale du secteur des ménages au pays s'élève à 11,7 milliards $ à la fin de 2019, selon Statistique Canada, la part du 1 % les plus aisés est donc d'environ 3 milliards $.

- Les 100 PDG les mieux payés au Canada auraient gagné en moyenne 10,9 millions $ en 2020, soit 95 000 $ de plus que l'année précédente, selon le document *Another Year in Paradise: CEO pay in 2020*.

- Entre 2012-2016 au Nouveau-Brunswick, environ 100 000 personnes vivaient sous le seuil de la pauvreté dans la province, et 18 000 d'entre elles vivaient dans une pauvreté extrême - elle touchait près d'une personne sur cinq[17]

- Le Conseil de Développement Humain de Saint-Jean[18] révèle qu'un enfant sur cinq souffrait de pauvreté infantile au Nouveau-Brunswick en 2015, soit environ 28 000 enfants. Ce taux de 20,3 % a diminué d'un peu

---

[17] https://www2.gnb.ca/content/dam/gnb/Departments/esic/pdf/PauvreteExtreme.pdf

[18] https://ici.radio-canada.ca/nouvelle/1068491/rapport-pauvrete-infantile-nouveau-brunswick-conseil-developpement-humain-saint-jean

moins de 1 % depuis 2014, mais il est encore bien au-dessus de la moyenne nationale située à 17,4 %. La plupart des familles sont composées de deux parents et de deux enfants avec un revenu familial total après impôts de 26 440 $. Ce revenu est près de 10 000 $ de moins que le seuil de la pauvreté qui est de 36 426 $ pour une famille de deux enfants

- Toutefois, les familles monoparentales sont les plus touchées, puisque la moitié d'entre elles dans la province sont considérées comme étant pauvres, comparativement à une famille sur 10 pour les couples avec des enfants.

- De plus, les enfants issus des communautés culturelles et les enfants autochtones sont les plus susceptibles de se retrouver dans des familles pauvres.

- Près de la moitié de ces enfants souffre de pauvreté infantile

- Selon les données de 2016 de l'organisme Human Development Council[19], les indices de misère dans le Quartier 4 de Moncton sont de 39%. Par ailleurs, 2300 enfants vivent dans une pauvreté extrême

- Moncton a un taux de pauvreté infantile de 28%. Ce taux est plus élevé que ceux du Nouveau-Brunswick (22%) et le reste du Canada (18%).

La COVID-19 n'aura pas créé ce fossé, mais il l'aura considérablement accéléré. Le cas échéant sont les coûts prohibitifs de l'immobilier en cette période de pandémie. Il est diffi-

---

[19] https://www.acadienouvelle.com/actualites/2020/10/01/moncton-39-des-enfants-sont-pauvres-dans-le-quartier-4/

cile aujourd'hui pour un citoyen lambda d'acheter une maison parce que les coûts sont exorbitants. En conséquence, on assiste pour ces nouvelles cohortes, obligées de s'installer loin de grandes agglomérations. Plusieurs citoyens songent déjà à quitter nos centres urbains pour s'installer dans les campagnes qui sont parfois des lieux au moindre prestige résidentiel que ceux de leurs parents, à un véritable déclassement résidentiel intergénérationnel, alors qu'ils sont pourtant plus diplômés et consacrent à leur logement une part de dépenses plus importante dans leur budget. Une façon là aussi de faire des investissements pour leur maison. Aujourd'hui, la majorité de cette génération Y et Z est condamnée à travailler deux fois plus longtemps que leurs parents pour accéder à la propriété d'un même logement ou à rester locataires.

Tout devient de plus en plus cher : denrées alimentaires, restaurants, habits, sports, assurances, achat d'un premier véhicule ou d'une première maison – inflation etc. Les classes moyennes sont de plus en plus nombreuses à avoir le sentiment de souffrir d'un déclassement social. Quand je discute avec mes amis du déclassement social et de l'escalier social, je réalise que plusieurs familles néo-brunswickoises de moins en moins déclarent appartenir à la classe moyenne.

Nous nous souvenons tous que l'après-guerre a été pour les pays développés une période de grande homogénéité sociale. Une large partie des classes populaires a pu utiliser la consommation pour accéder à un statut social supérieur. Et Jérôme Fourquet le politologue nous fait savoir : ''qu'*Ils ont pu, par exemple, se doter d'un équipement pour leur foyer cochant toutes les cases du standard minimum exigé, c'est-à-dire une voiture et de l'électroménager. L'accès aux loisirs et aux*

*vacances était assuré et, à horizon d'une vie, ouvriers et em-
ployés pouvaient envisager l'accession à la propriété" et ce
n'est plus le cas de nos jours. Tout est révolu. Les fins du mois
sont très rudes et plusieurs finissent le mois "difficilement" au
point où certains n'ont pas de choix que de réduire leurs dépenses* alimentaires pour les derniers jours du mois. La plupart des gens aujourd'hui font la chasse aux promotions, cou-
pons, notamment dans l'alimentation achètent des marques
distributeurs, profitent du déstockage et des dates courtes.
Avec l'augmentation des dépenses contraintes comme le logement, les classes moyennes restreignent leurs loisirs, les
cosmétiques et l'achat de décoration pour la maison. Les vacances ne sont pas épargnées. Plusieurs renoncent souvent
aux vacances souvent ou de temps en temps. Un sentiment
d'inquiétude pour l'avenir qui bénéficie à certains secteurs :
les ventes de vêtements de location ou de voitures à bas prix
connaissent un succès grandissant.

Mais cet ascenseur social est loin d'être le plus performant
et il a de plus en plus du mal à permettre à ceux qui sont tout
en bas de monter des étages. Par ailleurs, notre taux de Smic
est le plus bas dans l'ensemble du pays et c'est une honte et
c'est la fin du mois pour la plupart des citoyens du Nouveau-
Brunswick : Quand vous gagnez le Smic à 12.50$ par heure,
si vous avez à changer vos pneus ou plaquettes de frein,
payer votre plaque d'immatriculation en plus acheter de l'essence à la pompe, vous devez parfois faire un crédit auprès
d'une banque pour avoir 300 – 400$. Et c'est le quotidien de
beaucoup d'entre vous c'est-à-dire la somme d'argent qui
vous reste sur le compte bancaire une fois que toutes les fac-
tures ont été réglées, montre qu'il reste en moyenne –0.00$
... aux néo-brunswickois les plus modestes pour finir le mois.

Le pays connaît actuellement un taux d'inflation de 8.% qui est énorme. L'inflation est plus forte au Nouveau-Brunswick qu'ailleurs au pays. Elle était de 7,6 % le mois dernier - L'indice des prix à la consommation de l'agence fédérale a augmenté de 7,7 % en mai par rapport au même mois l'an dernier, enregistrant sa plus forte augmentation depuis janvier 1983, où il avait progressé de 8,2 %[20]. C'est une bien mauvaise nouvelle à laquelle il fallait s'attendre. Comme depuis plusieurs mois, ce sont les prix de l'énergie et des produits alimentaires qui tirent l'inflation à la hausse. La guerre en Ukraine pèse lourdement aussi bien sur les tarifs du gaz et du pétrole que sur les prix des importations, notamment de matières premières comme les céréales. Par ailleurs, la forte reprise de l'activité mondiale et, avec elle, de la demande à la sortie de la crise sanitaire a entraîné des bouleversements dans les chaînes d'approvisionnement, renchérissant également le prix des importations. Quant aux prix à la consommation, ils ont grimpé en avril au Canada avec une hausse de 6,8 % par rapport à avril 2021, rapporte Statistique Canada – Selon cet organisme, c'est la plus forte augmentation depuis janvier 1983. Les trois provinces maritimes sont celles où l'inflation a le plus augmenté en mai 2022, comparativement à mai 2021. L'inflation se situe à 11,1 % à l'Île-du-Prince-Édouard. Elle est à 8,8 % au Nouveau-Brunswick et en Nouvelle-Écosse.

Pour éviter la colère sociale, voici quelques recettes

- Il faut que les salaires anticipent l'inflation

---

[20] https://www.ledevoir.com/economie/725895/taux-d-inflation-canada-mois-de-mai#:~:text=La%20Presse%20canadienne%20%C3%A0%20Ottawa&text=L'inflation%20annuelle%20s'%C3%A9tait,%2C%20de%2048%2C0%20%25.

- Engager une conférence salariale avec les entreprises (*selon leur niveau de productivité et du rendeme*nt)

- Procéder à une augmentation substantielle du smic à $15.00 est nécessaire

- Il faut verser des chèques ciblés d'énergie ou de carburant (*il ne faut pas que les citoyens aient le sentiment que ce n'est jamais pour eux*). C'est un nouveau mécanisme de redistribution et qui ne passe pas seulement par des revenus directs mais aussi par l'intervention qui est liée au produit des taxes. C'est légitime que l'État qui recueille des taxes puisse aussi poser des gestes louables envers ses citoyens.

  - Le Code du travail doit prévoir, en effet, une revalorisation automatique du Smic en cours d'année lorsque l'indice des prix à la consommation connaît une augmentation de plus de 2 % par rapport à l'indice pris en compte lors de l'établissement du dernier montant du Smic.

  - À mesure que l'inflation grimpe et ne s'estompe pas, il faut protéger les néo-brunswickois par une loi sur le pouvoir d'achat

  - Il faut revaloriser les prestations d'aide sociale (*les prestations familiales, l'allocation aux personnes handicapées, et âgées etc.*)

  - Plafonnement de l'augmentation des loyers

  - Indexer les retraites sur l'inflation c'est-à-dire calculer leur montant en fonction de l'évolution des prix. Cela signifie concrètement, qu'en théorie, si l'inflation est de 3.5%, les retraites, elles aussi, doivent augmenter de 3.5%. Mais dans la pratique, ce n'est pas toujours le cas.

- Indemnité inflation - Les prix des matières premières augmentent et je pense que notre gouvernement doit poser des actions rentables pour donner un coup de pouce aux ménages en difficulté en leur procurant des indemnités inflation. *(Le versement d'une nouvelle indemnité inflation aux familles modestes et directement sur le compte en banque, en une fois en fonction de la composition des familles.)*

Mes amis de la droite vont me fustiger et me chahuter, parce qu'ils vont me dire que c'est une proposition de la gauche, celle de verser des aides à ceux qui sont dans le besoin. Je ne pense pas que c'est une proposition de la gauche, mais elle fait du bon sens et elle est en même temps humaniste, altruiste et elle rentre dans l'optique de partage des richesses. Ceux qui paient l'impôt méritent mieux et je l'avoue !

La capacité pour tous citoyens de s'élever socialement, de sortir de la misère et en plus des inégalités sociales n'est plus à l'ordre du jour du gouvernement. Les citoyens ont perdu tout espoir, mais ils cherchent en vain un sauveur pour le sortir de cette impasse. La capacité à sortir de la misère et de s'élever socialement est conditionnée par l'accès à un emploi qui est correctement payé et durable. J'estime qu'il ne pourra y avoir de progrès social global sans un retour au plein-emploi, et donc à la croissance. Ceci est possible si le gouvernement fait de l'ascenseur social sa clé de voûte.

Les inégalités, l'école en particulier, constituent le nerf de la guerre pour favoriser la mobilité sociale. Nos écoles doivent être tournées vers le monde du travail et ça commence dès la maternelle. Alors, dès la maternelle, l'école prépare des gosses à devenir de futurs entrepreneurs. Il faut que soit instaurée la culture entrepreneuriale dans nos écoles. Elle fait énormément défaut dans notre province. Le made of New Brunswick n'existe pas, mais à l'opposé nous consommons les produits chinois et américains. Et notre argent va vers eux et non chez nous. Il faut faire émerger de jeunes talents et de nouvelles idées. Nous devons imaginer la société de demain avec cette jeunesse qui ne demande que l'emploi et qui est bien rémunérée. Un rapport de l'Organisation de Coopération et de Développement Économique (OCDE) nous dit qu'au Canada[21] Il faudra quatre générations pour que les descendants des familles modestes atteignent le revenu moyen.

Ici chez nous au Nouveau Brunswick, quand on pense à l'avenir, on pense à la péréquation qui nous vient du gouvernement fédéral. Vous savez la dépendance à ses forces et faiblesses, mais dépendre d'Ottawa tous les ans ressemble à un bébé qui n'a jamais grandi. Je comprends bien que l'argent de la péréquation est le nôtre, mais si demain nous n'avons plus cette "dîme" c'est quoi la solution alternative ?

La panne de l'ascenseur social, c'est aussi une panne d'une vision de nos gouvernements. Nos gouvernements sont en panne depuis longtemps et le problème part du haut de l'ascenseur vers le bas. Notre économie pourrait fortement y gagner si on réussissait à lever les barrières à la mobilité sociale et si on favorisait le brassage de population (*les immigrants*

---

[21] https://www.oecd.org/fr/canada/social-mobililty-2018-CAN-FR.pdf

avec d'autres couches de la population). Une mobilité sociale qui est entravée par le racisme, des inégalités d'accès à l'éducation, à la santé et aussi par des discriminations à l'embauche, ne permet pas à une province comme la nôtre de prospérer économiquement. Savez-vous que plus une société est inégalitaire plus il est difficile de changer de statut socio-économique. Les marches sont hautes et plus il est difficile pour les individus de les escalader.

Nous pourrons fortement y gagner si nous réussissons à refaire fonctionner l'ascenseur social : plusieurs études nous parle de la résorption de ces inégalités des chances constitue un gisement considérable de croissance. Frédéric Cherbonnier professeur à Sciences Po Toulouse et chercheur à Toulouse School of Economics dit ceci : "À travers *une mesure précise de la baisse des discriminations aux États-Unis, un premier travail tend à montrer que celle-ci expliquerait jusqu'à près de 20 % de la croissance américaine sur une période de cinquante ans, et que les réduire encore davantage pourrait rehausser de 10 % la richesse produite par l'économie américaine. Ainsi, alors que près de 94 % des doctorants et juristes étaient des hommes blancs en 1960, ils n'étaient plus que 62 % en 2010. Cette évolution résulte à la fois d'une baisse de la discrimination à l'embauche, d'une réduction des inégalités d'accès à l'éducation, ainsi que d'une évolution des normes sociales qui conduisent moins les femmes ou les personnes d'origine étrangère à reproduire un certain déterminisme social. Ce qui compte est de permettre aux talents de s'exprimer, et de contribuer ainsi à la création de richesses. Un second travail montre que les États-Unis auraient quatre fois plus d'inventeurs - au sens de "dépositaire d'un brevet" - s'ils levaient les obstacles qui entravent les minorités, les femmes et les personnes d'origine modeste. La probabilité de déposer un jour un brevet dépend du niveau scolaire - par exemple le niveau en maths en quatrième, mais les chercheurs montrent que ce critère n'explique pas que ces catégories discriminées soient plus rarement des inventeurs. L'environnement est la clef : devenir inventeur dépend étroitement du voisinage dans lequel l'individu a passé son enfance. Une femme le deviendra si elle a été élevée dans un endroit où des femmes déposaient des brevets. Lever les barrières à la mobilité sociale mais également favoriser la mixité et le brassage de population permettra, pour reprendre les analogies employées par les auteurs, à de futures "Marie Curie" ou à des "Einstein" d'origine maghrébine d'exprimer tous leurs talents et à l'économie française de gagner en compétitivité"*

Le creusement des écarts socio-économiques dans notre province n'est pas un secret de polichinelle. Il est parfois dû à plusieurs facteurs, dont le rétrécissement de l'État-providence et la baisse des impôts des plus riches, mais aussi la mondialisation, les nouvelles technologies, la financiarisation de l'économie ou encore le recul de la syndicalisation. C'est après qu'on a remarqué que ces nouvelles inégalités se passaient aussi de plus en plus d'une génération à l'autre. Comment promouvoir la mobilité sociale pour une croissance inclusive afin que l'escalier social ne soit plus en panne ? Quelques pistes de réflexion nous sont données par l'Organisation de Coopération et de Développement Économique (OCDE)[22]. Selon l'OCDE, *"il est possible de mettre en œuvre des politiques visant à rendre les sociétés plus mobiles à protéger*

---

les ménages des conséquences négatives des chocs de revenus. Des politiques renforçant des dimensions clés du bien-être, l'accès à plus d'autonomie et le développement des capacités sont nécessaires pour alléger les fardeaux que constituent des conditions de départ défavorables dans la vie"

L'OCDE dit qu'au Canada, certaines des priorités politiques pourraient porter sur les objectifs suivants :

1. Renforcer l'aide à l'emploi en étendant l'éligibilité aux demandeurs d'emploi qui ne sont pas éligibles aux prestations chômage et en consacrant davantage de ressources à l'aide de la recherche d'emploi et de la formation

2. Développer l'enseignement et la formation professionnels au niveau du secondaire et du supérieur pour faciliter la transition de l'école au travail pour des jeunes qui ne sont pas attirés pour des études supérieures, et répondre aux besoins des employeurs en matière de compétences.

3. Soulager les ménages de la classe moyenne en élargissant l'offre des logements abordables. En rendant l'éducation postsecondaire plus accessible et en distribuant des revenus aux familles à faible et moyen revenus.

4. Réduire les écarts scolaires entre enfants issus de milieux socio-économiques différents.

5. Accompagner les chômeurs de longue durée et les jeunes actifs, dans le prolongement en particulier de la Garantie jeunes et du Plan d'investissement dans les compétences.

6. Réguler les inégalités territoriales.

7. Renforcer les liens entre monde professionnel et monde éducatif pour valoriser professionnellement les compétences acquises de façon académique. [23]

[23] https://www.vie-publique.fr/eclairage/272088-crainte-du-declassement-la-fin-de-lascenseur-social

CHAPITRE V
ÉCOLOGIE, INERTIE DES POLITIQUES

L'urgence climatique nous impose des décisions difficiles à prendre certes, mais qui sont indispensables : soyons inventifs. En revanche, et comme disait l'autre : *''la Terre peut vivre sans nous, mais nous ne pouvons pas vivre sans elle''*.

Il apparaît inévitable de revoir nos modes de vie, nos modes de production, nos manières de consommer, de travailler, de nous déplacer, de nous loger et de nous nourrir sous l'égide de l'écologie. Ce qui signifie ne plus prendre à la nature davantage qu'elle ne peut en vérité reconstituer dans un délai le plus proche. La manière dont nous regardons notre environnement doit nous amener à changer de paradigme : la biodiversité, les forêts, l'eau, l'air, sans tout ce kit la vie des populations n'est pas possible. Il faut réduire de 40 % les émissions de gaz à effet de serre (GES) d'ici 2030 et de 30% les émissions de GES d'ici 2030 pour notre pays. Comment pouvons-nous y arriver ? Je ne pense pas qu'avec ce gouvernement c'est possible. Jamais il ne faut l'imaginer, parce que depuis qu'il est au pouvoir, pouvez-vous me citer des actions concrètes qu'a posées ce gouvernement en matière de la lutte contre les changements climatiques? Il n'y a pas de vision claire quant à la lutte contre les changements climatiques.

J'ai lu son rapport sur la transition vers une économie à faibles émissions de carbone - Le plan d'action sur les changements climatiques du Nouveau-Brunswick, de qui se moque-t-on ? Dans ce rapport il n'y a rien qui inciterait la population à croire en matière de lutte contre les changements climatiques.

Pour essayer de faire taire la grogne et de masquer le mensonge, une décision a été prise au coin de la table par quelques "individus bornés" qui refusent mordicus de croire au problème climatique. Et cette rencontre a accouché ce fameux rapport sur la transition vers une économie à faibles émissions de carbone - Le plan d'action sur les changements climatiques du Nouveau-Brunswick. Pourquoi écrire ce document de vingt pages sans aucune consultation citoyenne. Encore je le répète, cette lutte n'est pas l'affaire de quelques "individus bornés" qui ne veulent rien savoir des changements climatiques. Je pèse bien mes mots. Elle est nationale, provinciale, régionale etc. Le problème climatique existe n'en déplaise à celles et ceux qui ne croient pas.

Depuis 1990, les climatologues tirent la sonnette d'alarme pour alerter le monde au sujet des changements climatiques. Le réchauffement est plus prononcé au-dessus des continents qu'à la moyenne planétaire et particulièrement marqué autour de l'Arctique selon les experts. Chaleur record au Canada et chez nous dans les Maritimes cyclones, inondations meurtrières en Allemagne et en Belgique, incendies en Californie, en Turquie, ou encore en Grèce... Les catastrophes naturelles s'enchaînent ces dernières semaines, mois, années autour de la planète.

La question écologique ou du réchauffement climatique taraude tout le monde dans la société, tout niveau social confondu. Honnêtement, il est sous nos radars maintenant et je dirais présent partout dans notre vie quotidienne. Nous le percevons de façon très claire, à travers le prisme des événements extrêmes que nous vivons pratiquement tous les jours. Si rien n'est fait au niveau des politiques publiques et que nous continuons à émettre des gaz à effet de serre, nous pouvons le réaffirmer, le réchauffement climatique va continuer et va se poursuivre...nous allons vers le mur et on ne pourra pas le limiter. Et il va s'accompagner d'événements extrêmes de plus en plus violents et de plus en plus importants et ce n'est plus une surprise pour personne.

Question : L'humanité court-elle à sa perte ? Selon les climatologues, le réchauffement de la planète pourrait atteindre le seuil de +1,5°C autour de 2030, dix ans plus tôt qu'estimé, menaçant de nouveaux désastres "sans précédent" l'humanité, déjà frappée par des canicules et inondations en série.

Selon Valérie Masson-Delmotte la paléoclimatologue : *"Le constat choc des experts climat de l'ONU (Giec) sonne comme un branle-bas de combat : les humains sont "indiscutablement" responsables des dérèglements climatiques. S'ils veulent en limiter les dégâts, il faut réduire principalement le méthane et le dioxyde de carbone, les deux principaux gaz à effet de serre. On arrivera ainsi à "stabiliser le réchauffement d'ici 10 à 20 ans à un niveau très proche de l'actuel", poursuit-elle. Car la planète a déjà gagné +1,1°C entre 2015 et 2019. Le monde voit de ses propres yeux les conséquences déjà à l'œuvre. Encore plus cet été, avec les images de flammes ravagent l'Ouest américain, la Grèce ou la Turquie, des flots submergeant des régions d'Allemagne ou de Chine, ou un thermomètre qui frôle les 50°C au Canada. "Le changement climatique affecte déjà toutes les régions de la Terre et de multiples façons...Concrètement, le changement climatique se traduit par des périodes* sèches, plus longues, plus prononcées, en particulier autour de la Méditerranée, mais aussi des saisons humides et des événements de pluies torrentielles renforcées". La montée du niveau des mers est inévitable et irréversible. En ce qui concerne la montée des eaux, là encore, tout dépend de notre réaction. Mais le rythme de montée du niveau des mers va dépendre de ce que l'on va choisir de faire chacun, partout dans le monde. Il peut continuer à accélérer si l'on rajoute toujours plus de gaz à effet de serre. Mais il peut aussi ralentir si d'autres choix sont faits, analyse la paléo climatologue. Avant d'ajouter : "Et ça change tout pour l'ensemble des gens et l'ensemble des écosystèmes sur les littoraux mondiaux. Une montée plus graduelle, c'est aussi plus de temps pour s'adapter, explique cette experte du Giec". Il faut noter que le rapport des experts du Giec a été établi à partir de plus de 14.000 études scientifiques par des spécialistes venant de 195 pays.

Victor Hugo disait : "Lire, c'est boire et manger. L'esprit qui ne lit pas maigrit comme le corps qui ne mange pas". La plupart de nos citoyennes et citoyens de notre province sont dépourvus de "culture générale scientifique" et c'est un fait incontestable, parce qu'ils ont cessé de lire, ils ont choisi de ne pas lire et enfin ils refusent catégoriquement de lire. Combien de personnes (élus, politiques, élèves, personnalités publiques, hommes ou femmes d'affaires, étudiants, restaurateurs, milieux culturels...) que je rencontre et qui me disent : je n'aime pas lire et ça ne me tente pas. Si vous avez l'intention de cacher des choses à cette frange de la population qui ne veut jamais lire, prière de le mettre dans un livre parce qu'ils ne le sauront jamais. Ils vont davantage devenir ignorant à plus des égards - Manque de connaissance versus apprendre et lire.

Malheureusement, les médias sociaux sont devenus les lieux ''d'opium'' de lecture et qui ont remplacé le livre, au fond les médias sociaux sont des plateformes qui tuent la raison, parce qu'ils n'ont rien de bon à proposer comme outils pour la lecture. Si rien n'est fait, l'humanité sera de plus en plus mal informée, sous informée, idiote, tarée, stupide... Regarder les images sur Instagram, Facebook, YouTube font de nous aujourd'hui des experts en climatologie, écologie, justice...De qui se moque-t-on ? Ils passent la longueur de journée à regarder et à faire défiler les images sur leurs téléphones intelligents plutôt que de prendre le temps de lire un bouquin sur les changements climatiques. Conséquences, la désinformation prend plus de proportion au profit de la connaissance et du savoir, enfin de la raison. Et c'est une des raisons pour laquelle les gens gobent facilement les infos complotistes sans filtre. Ils n'ont ni l'esprit de synthèse, de nuance, de subtilité, de délicatesse et d'analyse. Que c'est dingue ! Comment lutter contre les changements climatiques quand plusieurs acteurs de la vie civile, nos élites et politiques ne sont pas prêts à changer de paradigme? Question, c'est quoi le but de l'école de: '' *transformer un enfant en un adulte, qui saura faire face aux problèmes de la vie quotidienne. L'école sert aussi à maintenir le cerveau humain en marche pour qu'il ne se "rouille" pas. Les maths, la physique, la biologie... servent à ça !*[24] *- Apprendre à se connaître et comprendre le monde pour y trouver sa place dans le respect des intérêts d'autrui''*

Que dirions-nous de nos écoles, les enseignants travaillent d'arrache-pied pour inciter des gamins à la lecture, chose qui

---

[24] https://bernard-defrance.net/archives/bin/imprim.php?from=texteseleves&where=14

n'est pas facile et c'est un travail titanesque. Je baigne dans les écoles et je peux l'attester parce que je suis au cœur du système. Cependant, nos gamins ont facile à s'intéresser aux images, jeux qui sont sur leurs tablettes, téléphones que de prendre un livre et passer un excellent moment de lecture pour un fructueux dialogue avec soi-même. Nous avons perdu de très bonnes notions d'apprentissage au travers de la lecture. Serons-nous des tarés pour les siècles à venir ?

Écoutez, la lecture est une éducation par excellence et ce qu'on apprend reste éternel et enrichit notre vocabulaire, grammaire, orthographe, débat, discussion, raison, éloquence, dialogue, connaissance, relationnel, communication…Savoir lire c'est allumer une bougie en soi et enfin ouvrir une porte sur l'univers. Sommes-nous prêts à ouvrir une porte sur l'univers qui s'appelle l'univers des changements climatiques ? Je pense que c'est possible et faisable, un des secrets : aimer et savoir lire. *''Ma pauvre mère disait toujours : Investis dans ta tête, c'est la chose qui ira partout avec toi''* – Tidjane Thiam.

Quant à nos perspectives en matière de changements climatiques, où en sommes-nous? Est – ce qu'on va se retrouver à dodeliner la tête sans rien faire ou prendre pour une fois le problème au sérieux. Est-ce que les citoyens du Nouveau - Brunswick saisissent bien la vitesse des changements climatiques et ce qui nous attend si nous ne prenons pas ce défi à bras le corps. Il faut faire des changements climatiques une cause provinciale et avoir un plan Marshall clair. Cessons de politiser le débat parce que la lutte contre les changements climatiques n'est ni de gauche, ni de droite et c'est l'avenir de nos enfants qui compte. Si nous aimons tous nos "petits bouts de choux" faisons ensemble quelque chose de puissant et qui restera dans les annales de l'histoire. Écrivons ensemble l'histoire!

Quant à nos politiques, ils sont supposés lire les rapports sur le climat. Malheureusement, la plupart ne veulent pas prendre le moindre risque pour passer en revue les recommandations qui sont faites par la science, parce qu'ils ont l'art de régler plusieurs problèmes de façon linéaire et ils sont très effarés quand il est question du climat.

Depuis des décennies, le réchauffement climatique fait le burnout à notre classe politique et sachez que nos élites politiques détestent parler des changements climatiques parce qu'ils n'ont pas de solutions au problème, ils ne connaissent pas le sujet ou bien ils sont à la merci des lobbies qui leur donne la conduite à suivre. Par exemple, le lobby bancaire et le lobby pétrolier gênent des actions pour lutter contre les changements climatiques, ils sont un des obstacles majeurs parce que l'argent "run" le monde comme dirait mon ami acadien. Ils achètent les consciences, cadenassent les langues et les verrouillent à perpétuité.

Certains courants politiques vont jusqu'à nier les changements climatiques parce qu'ils sont déconnectés de la réalité. Ils restent mordicus sur des concepts et positions qui n'ont pas de rapport avec la réalité et qui ne nous mènent nulle part.

Comment voulez-vous que notre esprit démissionnaire change quand nos élus ne font presque pas le moindre effort pour trouver des solutions communes et durables au problème. Savez-vous qu'ils n'ont pas la capacité de débattre et d'apporter des solutions concrètes sur un plateau de télévision pour ce qui a trait aux changements climatiques. Quand un journaliste leur pose des questions sur le sujet, ils fuient comme un lièvre qui se fait pourchasser par un lion affamé et il fait tout pour se sauver et sauver sa propre vie.

L'écologie punitive nous pose des limites et c'est la raison pour laquelle on n'en veut pas. Il faut que la lutte contre les changements climatiques devienne la question de société la plus importante aux yeux des citoyens, au même titre que le pouvoir d'achat, l'inflation, les inégalités sociales, la santé, l'éducation, l'emploi, l'immigration, les impôts et taxes, les déficits publics et la dette de l'État.

Notre souci doit être celui de créer un environnement meilleur afin que les citoyens ne voient pas l'écologie comme un fardeau à porter, mais qu'ils acceptent des mesures environnementales volontaristes, autrefois jugées contraignantes. Cette évolution invite aujourd'hui à dépasser les clivages politiques afin de bâtir une province verte avec pour objectif la création de plusieurs emplois dans ce secteur. En plus, les pouvoirs publics doivent mettre sur pied des mesures incitatives qui encouragent nos citoyens à lutter contre les changements climatiques.

Lénine disait : ''*Faites leur manger le mot et vous leur ferez avaler la chose*''. La gauche et les lobbies environnementalistes sont devenus le ''King James Environnent Only''. Ils arpentent les couloirs des parlements, des bureaux de présidents et premiers ministres, de télévisions publiques et privées, de la presse avec la complicité de cette presse de gauche... et de celle qui est supposée être celle de la couronne (*Radio Canada*) ce qui veut dire une presse publique, impartiale et neutre. Malheureusement, elle est aussi gauchisée et wok, vous pouvez comprendre... Elle est dans le même panier que les autres, malheureusement elle a perdu sa vocation première celle de service public et de contrepouvoir.

Alors, comment expliquer la défiance et la haine du public envers ces journalistes, parfois mal informés, pas aussi intelligents qu'on ne le pense ? Au moment où j'écris ce texte, je pense qu'aujourd'hui les citoyens se sont tournés vers les médias sociaux qui sont devenus leur presse sur brouille médiatique et de communication. La presse devrait être un contrepouvoir par rapport aux institutions du pays, à l'économie, à la lutte contre les changements climatiques, les inégalités, un porte-parole inversé de la population et de l'intérêt général. Malheureusement, cette presse est parfois le relais du pouvoir et des puissants de ce monde. La presse n'est plus connectée au réel et elle a perdu sa vocation première, celle de sa neutralité. En philosophie, il n'y a pas de position neutre comme disait l'autre, malheureusement ....

Pour porter la cause des changements climatiques plus haut, la gauche et le lobby environnementaliste monopolisent le débat au détriment des autres acteurs de la vie politique et civile. Les conservateurs ont laissé entre les mains de la gauche le plus gros dossier environnemental du siècle. À chaque moment où les conservateurs ont eu l'opportunité d'avoir un débat intellectuel avec les autres courants politiques, les scientifiques, les gens de la société civile ils fuient comme des oies et se mettent à la défensive, soit ils se cachent comme des renards dans un trou. Plus tu t'approches d'eux, plus ils fuient. La plupart sont bornés et ils continuent à nier une réalité qui ne se cache pas. Écoutez, si les ''écailles'' ne venaient pas à tomber de leurs yeux ils ne pourront jamais rien voir. Ils sont défaitistes, bloqués, mal informés, têtus. La plupart ne sont-ils pas devenus stupides ?

Quant à la gauche et aux lobbies environnementalistes, ils pensent qu'ils sont la solution au problème, et sans eux rien ne peut bouger. Ils ont un double langage, ils disent des choses et font le contraire. Mais au-delà des mots, leurs actions sont peu significatives.

Le parti vert au Nouveau-Brunswick est un exemple palpable. J'ai envie de vous parler des faits, leur chef David Coon depuis qu'il a été élu député, dites-moi combien de conférences a-t-il donné en sillonnant la province jusqu'au fin fond de nos régions pour porter la cause environnementale plus haut et proche du citoyen lambda. Les citoyens d'Alma County, de la Mecque, d'Harbour, de Port Elgin... avez-vous eu une rencontre politique ou assisté à une des conférences de David Coon pour parler des enjeux climatiques? ...Comme beaucoup d'autres chefs de partis, il passe plus son temps à Fredericton qu'ailleurs dans la province. À chaque élection, il profite de la vague étudiante de l'Université Nouveau-Brunswick qui vote toujours vert pour gagner contre ses adversaires. Son discours n'attire pas, il n'inspire personne sinon lui, il ne propose rien, il fait du surplace. Il n'a pas de vision pour la province. Mais, il a une oreille très ouverte et attentive quand il est sollicité par quelques membres du Nouveau parti démocratique (NPD) qui ont fait diversion pour "switcher" vers le parti vert. Alors là il existe et invite la presse canadienne et locale à une conférence de presse pour parler de nouveaux membres qui s'ajoutent dans la gibecière de son parti. Le sourire aux lèvres avec sa belle moustache blanche, propre et bien soignée, il fait son homélie pour montrer son ouverture aux autres (*Il ouvre grandement les bras comme un père noël à ses nouveaux enfants poulains encore inconnus de son parti...soyez les bienvenus, faites comme chez vous*) avec espoir de gagner plus de votes pour la prochaine campagne électorale, hélas, le résultat fut un échec, désolé monsieur Coon. Seuls trois de ces députés seront réélus pour un prochain mandat, quelle honte. Désolé monsieur Coon une élection ne se gagne pas de cette façon.

Les députés verts sont quasi inexistants à Fredericton. On les entend ronronner quand la question de la langue et celle de la pandémie font surface, après rien ne se passe jusqu'à la prochaine chicane électorale... Voilà, les verts qui rêvent de nous gouverner. Ils ne sont pas représentatifs de cette frange de la population qui veut que le gouvernement actuel mette en marche des politiques publiques fortes au sujet des changements climatiques.

Ce parti ne parle pas de la cause écologique, alors pourquoi s'appeler parti vert. Je vous fais une confidence, j'encourage très fortement ce parti à changer de nom et si vous le permettez, je vous serai ravi de me laisser vous en proposer un : '' le parti vert réactionnaire'' je pense que ça rime et ça s'arrime bien avec votre vision.

Il y a de la part d'une certaine gauche et d'un certain lobby environnementaliste une volonté délibérée, bien orchestrée et très réussie à peindre la droite comme l'opposant numéro un pour la lutte contre les changements climatiques. Et pour détruire cette droite, ils utilisent parfois des gamines comme Greta Thunberg la jeune suédoise, la coqueluche des lobbies, et de médias de gauche. La porte-parole de toute la gauche confondue en matière de la lutte contre les changements climatiques. Elle a l'ambition de faire bouger les lignes afin d'amener les gouvernements à prendre conscience de la lutte contre les changements climatiques, son intention est bonne et, je l'avoue. Elle harangue les foules idéalistes, naïves de sa génération. Et ça crée une sensation auprès d'une certaine jeunesse qui pense que marcher et interpeller ceux qui nous dirigent suffit. Cette jeunesse qui interpelle est celle des grandes villes, mais elle oublie qu'on ne gagne pas un combat de cette envergure si on n'attire pas aussi la jeunesse rurale oubliée et parfois campagnarde. Cette cause est pour tous les citoyens du monde. Il faut rassembler plus large pour obtenir des résultats escomptés.

Cette jeunesse qui est le fer de lance de l'interpellation, de la revendication etc. ne vit pas forcément ce qu'elle nous prêche. Écoutez ce que dit le journaliste australien Alan Jones sur skynews. Il dit avoir reçu ce texte d'un auteur inconnu : *"Je vois l'article suivant relayé partout. Il me semble biaisé et réac. Et semble vouloir blâmer en grande partie les jeunes, leur comportement et leurs habitudes pour le réchauffement climatique. De mon côté, voyant cet article relayé partout et souvent par des climatosceptiques; j'ai voulu effectuer des recherches. Mais impossible de trouver la source. L'article en question : "Excellente réponse d'un journaliste de skynews Australie aux jeunes qui ont récemment manifesté pour le climat : "Vous êtes la première génération à avoir demandé la climatisation dans chaque salle de classe ; vos leçons sont toutes faites à l'ordinateur ; vous avez une télévision dans chaque pièce ; Passez toute la journée à utiliser des moyens électroniques ; au lieu de marcher à l'école, vous prenez toutes sortes de moyens de transport. Vous êtes les plus grands consommateurs de biens de consommation de toute l'histoire, vous achetez sans cesse les vêtements les plus chers pour être tendance, votre protestation est annoncée par des moyens numériques et électroniques. Les gars, avant de protester, éteignez la climatisation, allez à l'école à pied, éteignez vos téléphones et lisez un livre, faites un sandwich au lieu d'acheter de la nourriture. Rien de cela ne se produira, parce que vous êtes égoïstes, mal éduqués, manipulés par des gens qui vous utilisent, disant que vous avez une cause noble tout en vous amusant dans le luxe occidental le plus fou. Réveillez-vous, et fermez-la. Informez-vous des faits avant de protester"*[25]

Quand tu lis ce texte, j'avoue que les mots sont durs mais il y a une vérité qui est dite par le journalisme. "Lead By Example" est un jargon bien connu dans le monde du leadership. Donner l'exemple signifie que vous guidez les autres au travers de vos comportements et que vous les inspirez à faire de même que vous.

Êtes-vous un exemple à suivre ? Aviez-vous fait des changements climatiques votre priorité? Êtes-vous intentionnel? Faites-vous le contraire de ce que vous prêchez à longueur d'années?

Question : Les grandes messes depuis 1992 -2021 jusqu'à hier à Glasgow en Angleterre (*Sommets sur des changements climatiques*) de la ...Cop 24, 25, 26 ne manquent-elles pas le sujet essentiel celui de l'organisation mondiale de commerce dans le monde? Le "BIG" point rouge ici est le "LIBRE ÉCHANGE". Par exemple, combien d'avions et bateaux des compagnies d'Amazon, d'Alibaba, Microsoft etc. qui sont affrétés par jour pour livrer leur colis dans le monde en passant d'un océan à un autre? Est-ce que ce modèle est tenable ? C'est quoi notre modèle de production ? Tout ça suscite énormément de pollution dans les océans, sur des sols, l'air. Ne

[25] https://www.liberation.fr/checknews/2019/10/04/egoistes-mal-eduques-manipules-d-ou-vient-ce-texte-faisant-la-lecon-aux-jeunes-qui-manifestent-pour-_1755274/#:~:text=La%20chronique%20d'un%20pol%C3%A9miste%20austra-lien&text=L'homme%20chauve%20qu'on,les%20propos%20pol%C3%A9miques%20et%20insultants.

serait-il pas sage de penser relocalisation, circuit court, voire protectionnisme? Honnêtement, je pense que l'essentiel du problème c'est le commerce international et le libre-échange qui causent de gros problèmes pour la lutte aux changements climatiques.

Pour quelle raison nos États attaquent souvent les plus petits en les culpabilisant que de s'attaquer aux multinationales qui polluent plus? Parce qu'il y a un écosystème bien ficelé et qui nourrit certains acteurs de l'écologie mondialiste c'est ce que je nomme ici une hypocrisie des "pharisiens". Certains de nos gouvernements craignent de remettre en cause ce système qui ne fonctionne pas mais qui est rentable pour tous les mange-mil qui rôdent autour.

Cette gauche, au plus large du terme, utilise également les mots et le verbe. Elle a diabolisé les conservateurs, en les traitant d'être des cancres en matière écologique et qu'ils vivent sur une autre planète que celle sur laquelle nous sommes. Cette méthodologie de la gauche, on la connaît. Elle passe tout son temps à inventer des concepts pour dénaturer, criminaliser, traiter de facho l'adversaire, quand on ne pense pas forcément comme lui. Mais dites-moi ce qu'a fait cette gauche, est-ce qu'elle a éradiqué le problème parce que les scientifiques nous disent que c'est grave et qu'il faut aller vite. Ils ne pointent pas ici un parti politique ou un autre. Ils veulent que les hommes politiques arrêtent de batailler sur les discours à caractère partisan et qu'ils se mettent d'accord pour travailler ensemble et c'est qui compte. Ensuite, que les hommes politiques prennent des décisions fortes au sujet des politiques publiques en matière de changements climatiques. Les propos et discours abjects ne nous mènent nulle part. Nous ne sommes pas ici pour donner une meilleure note à x ou y. Il faut qu'on soit d'accord que le problème existe, traitons le problème et cessons de diviser pour imposer ses idées.

À l'occasion du déplacement du président français Emmanuel Macron à Gréoux-les-Bains (*Alpes-de-Haute-Provence*), pour le grand débat entre citoyens et leur président, un jeune collégien a eu le courage de l'interpeller au sujet des changements climatiques en lui posant quelques questions. En effet, : *''Dans la salle des fêtes de Gréoux-les-Bains, des collégiens lui ont exprimé leur inquiétude sur un ton direct. Qu'est-ce que vous entendez par écologie, alors qu'encore aujourd'hui des usines peuvent déverser leurs déchets dans la mer, les pesticides polluent nos sols et donc notre alimentation, que 20 000 tonnes de déchets électroniques en Europe sont envoyées au Nigeria ?", lui a demandé Charlie, du collège de Saint-André-les-Alpes. Vous pensez qu'on pourra acheter une nouvelle planète avec de l'argent ? Quand est-ce que vous allez réagir, puisque vous en avez le pouvoir? a-t-il ajouté, chaleureusement applaudi par l'assistance composée d'une centaine de jeunes, de maires, d'agriculteurs et de responsables d'associations de la région du Verdon. La transition écologique vise à "passer d'un modèle à l'autre", a répondu le président. "Notre défi, c'est de le faire le plus vite possible. Je crois qu'on peut faire plus vite, plus fort, plus loin, en donnant plus de pouvoirs au local et en changeant de méthodes". - "Puisque c'est l'argent qui nous a amenés à négliger l'écologie, vous pensez qu'on pourra acheter une nouvelle planète avec de l'argent ?", l'a encore interrogé l'adolescent. "Le modèle du tout argent est terminé", lui a répondu Emmanuel Macron. "Mais il faut produire. Il y aura toujours de l'argent, mais l'argent il ne faut ni*

Savez- vous combien d'hommes politiques sont à la tête de nos gouvernements et qui sont des boulets du climat ? Pour lutter contre le dérèglement climatique, tous ont un plan de communication qui est bien ficelé ! Ce plan consiste à créer des discours vibrants, vides de sens et plus de nouvelles instances avec des phrases, mots et titres chocs comme : la taxe sur le carbone, le temps presse, il faut soutenir les scientifiques, je suis le porte-parole des scientifiques, qu'allons-nous léguer à nos enfants, une planète inondée d'eau? Si rien n'est fait on meurt, nos enfants marchent pour nous interpeller et nous ne faisons rien etc... les politiciens utilisent toutes cette dialectique pour occuper l'espace médiatique et tromper l'opinion publique. L'unique objectif de tout ça est de gagner du temps... que nous n'avons plus ! Les scientifiques s'épuisent à alerter depuis trente ans : l'espèce humaine et la biodiversité sont menacées par le changement climatique qui s'accélère. Chaque dixième de degré compte. Chaque tierce, seconde, minute, heure, jour et année, chaque décision importe.

Le temps presse : les libéraux de Justin Trudeau se sont engagés à réduire, d'ici 2030, les émissions de GES de 40 à 45 % sous le niveau de 2005, mais selon le GIEC les émissions du Canada ont augmenté de 723 à 730 mégatonnes entre 2015 et 2019. Il y a un double discours celui que tient Trudeau et celui des scientifiques. Entre les deux qui a raison, ce

[26] https://www.francetvinfo.fr/politique/grand-debat-national/video-quand-est-ce-que-vous-allez-reagir-un-collegien-interpelle-emmanuel-macron-sur-l-urgence-climatique_3222433.html

sont les scientifiques qui ont bien sûr raison et qui a tort c'est Trudeau et son gang de libéraux.

Les dernières annonces qui ont été faites au sommet sur le climat par Justin Trudeau ont déçu plusieurs environnementalistes qui considèrent qu'en raison de son manque d'ambition, le Canada devient "un retardataire" en matière de protection du climat. En revanche, le gouvernement Trudeau a stigmatisé les conservateurs et l'ancien premier ministre Stephen Harper pour qui j'ai énormément d'estime en les traitant d'anti-climats afin de masquer son mensonge. Quelques années plus tard, le Canada est encore de nouveau le mauvais élève en matière de la lutte pour les changements climatiques.

La question que j'ai envie de poser est celle-ci : est-ce que la transition écologique est un leurre ou une mystification ? C'est une transition technique, industrielle, des champs de pétrole vers les mines de métaux. Ce passage du pétrole vers la technologie verte va nous conduire à extraire davantage de matières minérales : fer, cuivre, zinc, aluminium, métaux rares (*gallium, l'indium, antimoine, cobalt, tungstène*) etc. On va essayer de régler un problème autour d'extraction du pétrole et des émissions des gaz à effet de serre...ça va générer plus de pollutions au niveau minier avec la pollution des sols et la pollution des eaux etc. On ne règle pas le problème mais on le déplace d'une économie à l'autre. Alors, est-ce que cette transition sera écologique ou énergétique ? Pour ma part je ne pense qu'elle sera énergétique et d'addition énergétique. Est-ce que ce nouvel âge vert ne va-t-il pas aussi générer d'autres problèmes pour les vingt, quarante ou cinquante ans?

La transition écologique est la destruction créatrice. Les emplois de l'âge industriel (pétrole et charbon) vont être détruits et seront remplacés par ceux de l'âge vert (âge écologique).

Notre gouvernement doit lancer une sorte de "Grenelle Environnement" comme nos amis français l'ont fait en 2007. Le but est de fixer la position de notre province en matière environnementale, notamment le problème du réchauffement climatique. Cette rencontre doit donner lieu à une série de rencontres visant à mettre en place une politique de cohésion en faveur du développement durable et de la réduction de l'empreinte carbone des néo-brunswickois. Comme je l'ai dit plus haut et désolé de me répéter, car la lutte contre le changement climatique est une cause nationale et elle n'est ni gauche ni de droite. Cette lutte est citoyenne et non une cause pour le parti vert. Il faudra donner la parole à la diversité de citoyens et citoyennes pour accélérer la lutte contre le changement climatique. Leur parole compte et leur expérience. Ces citoyens auront l'occasion de : s'informer, débattre et préparer des projets de loi sur l'ensemble des questions relatives aux moyens de lutter contre les changements climatiques.

Le peuple attend du gouvernement et des pouvoirs publics une prise en compte immédiate des défis des changements climatiques qui s'imposent à nous permettant une accélération de la transition écologique, notamment dans la stratégie de sortie de crise, en faisant du climat la priorité des politiques publiques, en évaluant les résultats et en sanctionnant les écarts - Le Premier ministre doit s'engager à ce que ces propositions législatives et réglementaires soient soumises "sans filtre" par référendum.

Pendant plusieurs années nos gouvernements, tergiversent au lieu de prendre des décisions solides, responsables et courageuses. Ils ont le pouvoir, mais ils sont incapables de prendre certaines décisions courageuses. Ce pacte aura pour objectifs des actions concrètes et sur le long terme en faveur :

- De la préservation de la biodiversité ;
- D'une cohérence des mesures politiques avec les problématiques environnementales ;
- D'une amélioration de l'efficacité énergétique ;
- D'une lutte contre le réchauffement climatique en réduisant les gaz à effet de serre.

À titre d'exemple, les températures caniculaires supérieures à 50°C à l'ombre, qui vont devenir plus fréquentes, seront mortelles dans certaines régions du monde où l'air saturé en humidité interdit toute évaporation de la sueur. Ouvrons donc les yeux et bougeons-nous !

Le 21ème siècle peut être le nouveau siècle des Lumières par une posture politique ambitieuse, vertueuse et démocratique ! Cela va exiger de considérer l'enjeu écologique comme un enjeu économique (*au sens classique et restrictif du PIB*), et veiller à ne laisser aucun citoyen de côté, notamment les plus pauvres. Nous invitons les acteurs économiques et politiques à mener une action plus volontariste en faveur de la transition écologique, en faisant de cette problématique une opportunité pour repenser en profondeur nos modes de production et de consommation, et favoriser une meilleure distribution des richesses. Nous demandons aux entreprises néo-brunswickoises qui ont des filiales à l'étranger d'être des acteurs de la transition environnementale notamment dans les territoires où les effets du dérèglement climatique sont dramatiques.

CHAPITRE VI
LA PLANIFICATION ÉCOLOGIQUE

Je constate comme vous que notre État n'est pas organisé pour mener à bien la transition écologique et ce n'est pas à l'ordre du jour. Les décisions qui sont prises par notre gouvernement pour la lutte contre les changements climatiques, n'incitent pas la population à prendre au sérieux le problème. Il se comporte comme un bon marketeur d'espoir, qui parle bien mais les actions ne suivent pas, un marchand d'illusions et du vide. Il faut l'impulsion de nos hauts fonctionnaires au développement durable. Comme pour une partie de la société – la transition écologique n'est pas encore pensée comme un changement systémique de tous les secteurs à anticiper et planifier, mais comme une activité supplémentaire à mener en sus des missions usuelles.

Les politiques sont très forts pour se fixer des objectifs, élaborer des stratégies et ne pas les appliquer, *c'est leur marque de commerce.* L'objectif de cette *planification est d'aller deux fois plus vite* dans le rythme de réduction des émissions de gaz à effet de serre, ces gaz moteurs du réchauffement climatique et produits par notre consommation quotidienne d'énergies fossiles, là nous parlons du : (*charbon, pétrole, gaz*). Ce qui veut dire que nous devons appliquer la règle verte.

La neutralité carbone, nous n'allons pas y arriver par destin ou par hasard. Pour l'État, cela passe notamment par des évolutions et voici quelques points incontournables dans une démarche de planification écologique[27]

- *Des objectifs à moyen et long termes, impératifs et portés par une ambition politique au plus haut niveau - construire des objectifs partagés et appropriés par l'ensemble de ses composantes;*

- *Des investissements publics qui entraînent des investissements privés;*

- *Mise en place des instances de pilotage et de contrôle garantissant que toutes les parties prenantes s'impliquent à leur échelle, et en particulier que tous les ministères soient redevables des cibles qui portent sur leurs champs d'expertise;*

- *Une mobilisation collective de tous les acteurs de la société - incarner la transition écologique au plus près des parties prenantes, qu'il s'agisse de citoyens, d'entreprises ou de collectivités territoriales pour rendre la transition visible, simple et accessible à tous;*

- *Un suivi d'évaluation exigeant, avec des points d'étape et une logique contraignante si le changement n'a pas lieu.*

Cette méthode est *une permutation* de l'approche dominante. Celle qui consiste par exemple à *augmenter les taxes sur les carburants et de grands pollueurs et on verra le fonctionnement de l'économie.* Là, avec la planification, on reprend le problème à la source, en s'attaquant directement aux émissions.

---

[27] https://tnova.fr/ecologie/transition-energetique/100-jours-pour-organiser-letat-afin-de-reussir-la-transition-ecologique/#1-le-constat-nbsp-l-rsquo-etat-n-rsquo-est-pas-organis-eacute-pour-mener-la-transition-eacute-cologique-nbsp

Cependant, cette planification doit être négociée avec la société et cela *ne marchera pas sans une capacité très profonde à recrédibiliser le rôle de l'action publique.* Ensuite, *Il faut faire en sorte que quand le politique change, le plan ne change pas et que le ministre qui arrive se sente redevable des objectifs fixés par ses prédécesseurs. Autour du ministre, il faut une équipe dédiée, sinon ça va être une promesse de papier qu'il ou elle sera incapable de tenir.*

Si nous voulons réussir la transition écologique, les objectifs climatiques et environnementaux ne devraient plus faire l'objet de compromis permanents entre partis politiques à la législature, ça perd le temps et l'argent, mais sont appropriés par tous les acteurs qui ont la charge de leur mise en œuvre. Il est temps de mettre derrière nous le débat sur le point d'arrivée et de se concentrer sur la façon d'y parvenir. C'est ce genre de leadership que veulent nos citoyens à Fredericton et pas la politique nombriliste que font certains courants politiques et qui ont politisé le débat au lieu de le nourrir pour sauver notre planète.

Pour faire émerger des objectifs environnementaux véritablement partagés et mettre en place l'écosystème administratif favorable à une vraie transition écologique. Voici, quelques pistes de réflexion pour mettre enfin notre gouvernement sur les rails de la transition et de la planification écologique[28]

- Appliquer la règle verte par une planification écologique citoyenne

---

[28] https://nupes-2022.fr/le-programme/

- Inscrire dans la Constitution la règle verte, qui impose de ne pas prendre plus à la nature que ce qu'elle peut reconstituer, notamment en reconnaissant un statut juridique pour la nature (*possibilité de la défendre en justice, prise en compte dans les décisions...*);

- Engager une planification écologique démocratique pour mettre en œuvre la règle verte, en partant du local et en s'appuyant sur la participation des citoyens, des syndicats, des associations, des collectivités et des branches professionnelles;

- Organiser la planification à partir de nouveaux indicateurs de progrès humain pour mettre l'économie au service des besoins et des critères de bien vivre (*santé, éducation...*). Évaluer l'impact de chaque loi avec ces indicateurs (*inégalités de revenu, réduction de la pauvreté en conditions de vie, empreinte carbone, espérance de vie en bonne santé, etc.*);

- Créer un Conseil à la planification écologique qui supervise, organise et met en œuvre le plan, en impliquant également les banques et les entreprises. Ce plan est construit avec les citoyens, les syndicats, les associations, les collectivités et les branches professionnelles, en s'appuyant sur des instances permanentes pour évaluer les besoins locaux en emplois, formation et investissements;

- Obliger les moyennes et grandes entreprises à mettre en œuvre une comptabilité carbone pour les émissions directes et indirectes certifiée par un organisme public agréé en commençant par les secteurs les plus émetteurs de gaz à effet de serre (GES) – énergie, transport, bâtiment, industrie lourde – puis selon la taille des entreprises, accompagnée d'une trajectoire de baisse de l'émissions desdits gaz;

- Créer une Agence pour la relocalisation dépendant du Conseil à la planification écologique, chargée de recenser les secteurs industriels indispensables sur le plan social et environnemental, et d'établir un plan de relocalisation adapté à chaque filière ou production stratégique identifiée.

- Réorganiser l'État et les collectivités territoriales au service de la planification écologique
  - Impliquer pleinement les collectivités dans les décisions et la mise en œuvre des investissements de la planification écologique, permettre leur libre association;

  - Renforcer les moyens des collectivités en augmentant les dotations, en assurant leur pérennité et leur dynamisme dans le temps et en garantissant une compensation intégrale des compétences déjà transférées;

  - Organiser une conférence sur l'organisation des collectivités territoriales et la décentralisation chargée de faire une proposition de simplification et de clarification du rôle de chaque échelon.

- Développer les transports publics écologiques, repenser la mobilité individuelle

  - Engager un plan national de soutien massif au développement des transports collectifs (bus ...) dans les zones urbaines;

  - Développer les transports publics à la demande hors des zones denses de transport public;

  - Favoriser l'usage du vélo : aménagement d'infrastructures cyclables sécurisées et de stationnement vélos, rendre obligatoire les stationnements vélos publics à proximité des gares et des services publics et les garages privés dans toutes les constructions et rénovations;

  - Développer le partage de la voiture : soutenir les initiatives solidaires et des collectivités en faveur du covoiturage et d'autopartage;

  - Renforcer les aides à l'acquisition de véhicules électriques, neufs ou d'occasion, en particulier pour les ménages modestes;

  - Installer sur l'ensemble du territoire les systèmes de mise à disposition de parcs de véhicules à faibles émissions pour les ménages à faibles revenus;

  - Créer un dispositif de billet unique ouvert aux jeunes permettant d'accéder à l'ensemble des bus, transports en commun.

- Instaurer la souveraineté alimentaire par l'agriculture écologique et paysanne

- Créer 20.000 emplois agricoles pour instaurer une agriculture relocalisée, diversifiée et écologique;

- Garantir des prix rémunérateurs aux producteurs par des prix planchers pour les paysans;

- Conduire une réforme agraire pour maîtriser et réguler plus efficacement le foncier et la production agricoles, voter une loi d'orientation et de programmation agricole notamment pour faciliter la récupération des terres disponible, encourager l'installation de nouveaux agriculteurs et le développement d'exploitations à taille humaine;

- Lutter contre l'artificialisation des sols pour empêcher la disparition de surfaces agricoles utiles;

- Planifier la sortie progressive des engrais et de pesticides de synthèse, interdire immédiatement les plus dangereux (glyphosate, néonicotinoïdes), avec accompagnement financier si nécessaire;

- Instaurer des protections écologiques et sociales en fonction des conditions de production et de rémunération du travail agricole;

- Encadrer les prix agricoles par des prix maximaux établis par un coefficient multiplicateur à partir des coûts de production et limiter les marges de la grande distribution, pour permettre à chacun de se nourrir, tout en assurant des revenus dignes pour les paysans;

- Développer les circuits courts pour réduire la circulation des marchandises et l'utilisation d'emballages.

- Défendre la forêt, poumon de la planète
    - Augmenter les moyens humains et financiers de des forêts du Nouveau-Brunswick pour lui permettre d'assurer ses missions y compris d'accueil du public;

    - Améliorer les conditions de travail des forestiers en appliquant strictement le principe « à travail égal, salaire égal », en augmentant les salaires des forestiers et en préservant le droit à la retraite anticipée;

    - Interdire les coupes rases sauf en cas d'impasse sanitaire avérée;

    - Inciter à la création de coopératives de petits producteurs et au groupement de la gestion de parcelles forestières privées;

    - Augmenter la part des forêts publiques, notamment par la création d'un droit de préemption publique, la réquisition des parcelles abandonnées et le classement dans le domaine public des forêts domaniales;

    - Reconstruire tout le secteur de la transformation du bois avec l'objectif de diversifier les essences et de développer les circuits courts, en mettant en place une formation professionnelle publique et en rétablissant des scieries locales;

- Encadrer l'usage du bois dans la production d'énergie et favoriser son usage soutenable dans la construction;

- Assurer une traçabilité complète des importations afin de bannir de la commande publique celles liées à la déforestation et contraindre les entreprises à exclure ces produits de leurs approvisionnements;

- Favoriser la diversification en essences et en âges pour des forêts résilientes au changement climatique;

- Renforcer les moyens humains et matériels de lutte contre les feux de forêt.

- En finir avec la malbouffe

    - Créer un ministère de la Production alimentaire;

    - Interdire d'urgence les additifs les plus controversés, limiter la liste des additifs autorisés à ceux admis dans l'agriculture biologique;

    - Fixer des taux maximaux de sel, de sucre et d'acide gras saturés dans les aliments transformés et garantir l'application de la loi Interdire, la publicité alimentaire sur tous les supports (radiophonique, audiovisuel et électronique) à destination des enfants et adolescents;

    - Intégrer l'éducation à la nutrition dans les programmes scolaires, de la maternelle au collège, en s'appuyant sur des ateliers pratiques;

- Expérimenter une garantie universelle d'accès à des aliments choisis comme premier jalon d'une "sécurité sociale de l'alimentation", afin de permettre à chacune et à chacun d'accéder à des aliments, notamment des fruits et légumes, de saison et bio, dans des magasins de proximité publics ou associatifs;

- Garantir en permanence l'accès à cinq fruits et légumes de saison à prix bloqués et réduire la TVA sur les produits bio;

- Porter progressivement l'alimentation dans la restauration collective à 100 % local et biologique, réduire la part des protéines carnées et y proposer une option végétarienne quotidienne;

- Développer des projets alimentaires territoriaux élaborés de manière collective avec les paysans, les habitants, les producteurs et leurs organisations pour adapter la production alimentaire aux besoins locaux et créer les outils nécessaires (magasins de producteurs, ateliers de transformation, cuisine centrale...).

- Consommer autrement, Nouveau-Brunswick "zéro déchet"

  - Lutter contre la surproduction de déchets : interdire immédiatement les plastiques à usage unique, remettre en place et généraliser les consignes, développer les filières de réutilisation des matériaux et de substitution aux matériaux carbonés;

- Créer un service public de la réparation et du ré-emploi, s'appuyant sur des structures de l'économie sociale et solidaire, avec la mise en place de formations pour les métiers concernés (*secteurs de l'électricité, de l'électronique, du bâtiment, du textile, etc.*) pour développer l'économie circulaire;

- Baisser la TVA sur les services de réparation;

- Rendre obligatoire l'écoconception des produits afin de limiter l'utilisation de ressources non renouvelables;

- Faire reculer la publicité dans l'espace public et à la télévision, interdire la publicité des produits et services les plus émetteurs de gaz à effet de serre sur tous les supports publicitaires, interdire le dépôt de prospectus publicitaires commerciaux dans les boîtes aux lettres, les panneaux publicitaires numériques et le démarchage téléphonique commercial;

CHAPITRE VII

COVID ET "LE CERVEAU DES DÉCIDEURS"

Une chronologie du COVID-19 au Canada

Il y a deux ans précisément, l'OMS qualifiait la COVID-19 de pandémie, se disant profondément préoccupée par ses niveaux alarmants de propagation. Aujourd'hui, alors que le virus a fait au moins 6.37 millions de morts dans le monde et que plus de 564 millions de cas d'infection dans presque 200 pays ont été diagnostiqués à ce jour, le chemin paraît encore long, titanesque et périlleux, parce que soigner aujourd'hui des milliers de patients qui sont atteints de COVID-19 est une course à la montre. Je compare cette course à des avalanches du mont Everest qui dévalent les pentes les plus hauts sommets de la terre et qui souvent n'arrivent de nulle part, et surtout personne ne sait quand elles arrivent sauf le Créateur. La cascade de glace qui déferle sur l'imposant sommet et ses gigantesques blocs de glace que des alpinistes prennent en plein fouet est un phénomène dangereux. Certains alpinistes périssent ou sont ensevelis sous les décombres aux prix du périple. Tout le monde est pris dans la paroi, cet endroit couloir, un passage obligé qui mène au sommet. Il faut sauver des vies et parfois c'est quasi impossible quand on connaît la poussée et la force des avalanches.

Vous savez comme moi que le mont Everest est connu pour être un endroit très difficile à atteindre, et un des endroits le plus dangereux du monde, car ses basses températures, le faible niveau d'oxygène dans l'air et les dangereuses avalanches ont pris de nombreuses vies de citoyens locaux et d'alpinistes courageux confondus. Pour arriver au sommet de la montagne il vous faut un leader, des porteurs, des sherpas et des tonnes de provisions pour subvenir aux besoins de tout l'équipage parce que l'enjeu est aussi très élevé. Vous savez cela ne s'improvise pas, il faut surtout une bonne planification et une bonne dose de préparation physique. Ajouter à cette liste, il faut aussi se préparer : monétairement, mentalement, professionnellement, psychiquement et psychologiquement, physiquement etc. Mais attention il y aura des avalanches, de la mousson et de fortes neiges pour empêcher toute tentative d'escalade. En l'occurrence, il ne faut surtout pas oublier les bonbonnes d'oxygène, parce qu'elles sont très utiles pour votre survie. Quand tout l'équipage arrive au sommet ne jamais oublier la célébration en vous serrant les mains et s'embrassant. Ensuite, en assénant des tapes dans le dos.

Il ne faut jamais oublier ceux qui vous ont quitté dans des conditions difficiles : patients, et tout le personnel soignant. Un des leitmotiv des alpinistes est : *''Pour un alpiniste, peu importe qui arrive en premier. En général, celui qui grimpe le plus vite laisse son partenaire prendre la tête''*.

Cette pandémie n'est pas encore terminée, parce que nous sommes encore témoins des ravages que la COVID-19 continue de faire. Tous les jours, la COVID-19 apporte son lot quotidien de problèmes : morts, inquiétudes, soucis, affaissement sociétal et économique, contrôle des populations, le déclassement, arrêt de certaines économies, problèmes de santé mentale, divorce, questionnements pour un avenir incertain, un outil brutal de transformation accélérée du capitalisme.... Que nous soyons d'accord ou pas, ce diagnostic ne nous échappe pas et moins que jamais. Tout ceci a un impact direct sur votre vie et sur votre activité etc. Ailleurs, plusieurs citoyens se mobilisent et se battent pour leurs droits et libertés fondamentaux pendant ce moment, nous ici sommes taiseux comme l'oiseau marabout qui n'attire pas de l'admiration.

Selon les scientifiques, le virus évolue très rapidement pour prendre la forme de nouveaux variants et ces variants nous empêchent de revenir à une vie normale. Il est à noter que les virologues, infectiologues et professionnels de santé eux aussi rencontrent des difficultés à prédire les effets des mutations sur la transmissibilité et la sévérité du virus.

Au début de la pandémie, les professionnels de santé ont remarqué que le virus ne provoque pas uniquement des maladies similaires à une pneumonie. Certains patients hospitalisés présentaient également des lésions cardiaques, des caillots sanguins, des complications neurologiques et des anomalies rénales et hépatiques. Des études menées au cours des premiers mois ont suggéré une raison qui expliquerait ce phénomène.

Le monde est confronté à une crise sans précédent désormais comme ce fut le cas pour les huit précédentes pandémies, je cite : la peste de justinien - la première pandémie connue fût répertoriée entre le 6e et le 8e siècle, la peste noire qui est apparue au moyen-âge entre 1347 à 1353, la fièvre – elle s'est manifestée à plusieurs reprises aux 17e, 18e et 19e siècles, le choléra, la grippe espagnole - il fut le fléau endémique le plus dévastateur de l'histoire. Elle s'est répandue à la grandeur du globe. Elle est apparue en 1918 vers la fin de la Première Guerre mondiale, la grippe aviaire - elle est une pandémie de grippe A (H2N2). Elle s'est répandue de 1956 à 1958 et ne s'est pas manifestée depuis 1968. Selon l'OMS, la grippe de Hong Kong - elle est causée par une souche réassortie H3N2 du virus H2N2 de la grippe A. Active de 1968 à 1970, cette grippe aurait tué environ un million de personnes dans le monde. Le sida - il a sévi en Afrique de 1920 à 1950. Le virus, en pleine mutation, se propage alors dans le monde entier... Il y a eu, entre 1981 et 2006, environ 25 millions de morts dus aux maladies en rapport avec le sida. Identifié pour la première fois en Chine, la COVID-19 a bouleversé le quotidien de 7,5 milliards d'individus.

Vous savez, l'idée d'une pandémie mondiale au COVID-19 était étrangère à la plupart d'entre nous, aux journalistes, hommes politiques, aux personnels soignants et surtout aux scientifiques. Et, évidemment, le principe du confinement nous était encore plus éloigné. Mais le bilan de 2021 du CO-VID-19 reste marqué par le fait que de nombreux gouvernements ont adopté des interdictions de sortie du domicile et d'autres mesures de restriction.

Deux ans après le début de la pandémie, *''nous sommes encore loin de tout savoir du SARS-CoV-2 : c'est ce qu'affirme David Wohl, spécialiste en maladies infectieuses à l'Université de Caroline du Nord''*[29].

Au Nouveau-Brunswick, les gens ont maintenant l'expérience des confinements nationaux, provinciaux. On parle de la fermeture des écoles, la limitation de l'accès aux espaces publics ouverts ainsi que la fermeture de la plupart des lieux

---

[29] https://www.nationalgeographic.fr/sciences/deux-ans-apres-le-debut-de-la-pandemie-le-coronavirus-continue-de-surprendre-les-experts

de travail, de culte. Les bars et les restaurants, entre autres, restaient fermés etc.

Voici la chronologie des principaux développements de la pandémie de COVID-19 au Canada depuis que le premier cas présumé a été signalé le 25 janvier 2020 :

- 25 janvier: Un homme de Toronto dans la cinquantaine qui est revenu de la ville chinoise de Wuhan – l'épicentre initial de l'épidémie – devient le premier cas présumé du nouveau coronavirus au Canada. L'homme est placé en isolement à l'hôpital Sunnybrook de Toronto.

- 26 janvier: La femme de l'homme, qui avait voyagé avec lui depuis Wuhan, est également testée positive, devenant le deuxième cas présumé du pays. La femme est autorisée à s'isoler à la maison.

- 27 janvier : Le Laboratoire national de microbiologie de Winnipeg confirme que l'homme de Toronto traité à l'hôpital Sunnybrook est le premier cas confirmé de COVID-19 au Canada.

- 28 janvier: La femme de l'homme de Toronto est déclarée le deuxième cas confirmé de COVID-19. Les responsables de la santé de la Colombie-Britannique disent qu'un homme dans la quarantaine qui se rend en Chine pour le travail est présumé avoir la COVID-19. L'homme est en isolement dans sa maison de Vancouver.

- 4 février: Un autre cas présumé a été signalé en Colombie-Britannique. – une femme qui avait de la famille en visite de la province chinoise du Hubei. Elle est isolée chez elle.

- 7 février : Un avion transportant plus de 200 Canadiens de Wuhan arrive à la BFC Trenton, dans l'est de l'Ontario, où ils commencent une quarantaine de jours.

- 20 février: Une femme qui est revenue d'Iran devient le sixième cas de COVID-19 en Colombie-Britannique et la première personne au Canada diagnostiquée avec la maladie qui n'a pas récemment visité la Chine ou n'a pas eu de contact étroit avec quelqu'un qui l'a fait. L'homme de Toronto qui était le premier cas confirmé du pays est innocenté après avoir été testé négatif pour le virus.

- 27 février: Les responsables de la santé publique du Québec signalent le premier cas présumé de la province, une femme de la région de Montréal qui est récemment revenue d'Iran.

- 5 mars : annonce de huit nouveaux cas, dont le tout premier cas au Canada possiblement contracté au sein de la communauté, plutôt que par le biais de voyages ou de contacts avec d'autres cas.

- 8 mars : Le Canada enregistre son premier décès dû au COVID-19. Un octogénaire est décédé dans une maison de retraite de North Vancouver.

- 11 mars : L'Organisation mondiale de la santé déclare la COVID-19 comme une pandémie. Le Canada compte plus de 100 cas. Un joueur de l'Utah Jazz est testé positif deux jours après un match contre les Raptors de Toronto, obligeant la NBA à suspendre sa saison.

- 12 mars : Le premier ministre Justin Trudeau s'auto-isole après que sa femme Sophie Grégoire Trudeau a été testée positive au COVID-19. La LNH et la plupart des autres ligues sportives suspendent leurs saisons. Les prix Juno sont suspendus. Le hockey mineur à travers le pays est annulé. Le gouvernement de l'Ontario annonce que les écoles de la province seront fermées pendant deux semaines après le congé de mars. Le Manitoba et la Saskatchewan signalent leurs premiers cas.

- 13 mars : Le gouvernement fédéral annonce que le Parlement fera une pause.

- 14 mars : Le gouvernement fédéral exhorte les Canadiens actuellement à l'étranger à rentrer chez eux le plus tôt possible

- 15 mars : La Nouvelle-Écosse signale ses trois premiers cas.

- 16 mars : Le Canada annonce qu'il ferme ses frontières aux non-Canadiens, à l'exception des Américains et de quelques autres exceptions.

- 17 mars : L'Ontario et l'Alberta déclarent l'état d'urgence.

- 18 mars : Le Canada et les États-Unis annoncent qu'ils fermeront leur frontière commune au trafic non essentiel, et la Saskatchewan déclare l'état d'urgence.

- 19 mars : Le Nouveau-Brunswick déclare l'état d'urgence.

- 20 mars : Les cas de COVID-19 dépassent 1 000 à travers le pays. Le Manitoba déclare l'état d'urgence.

- 22 mars : Le Canada dit qu'il ne participera pas aux Jeux olympiques ou paralympiques de Tokyo.

- 23 mars : Ottawa annonce des vols de rapatriement pour les Canadiens bloqués à l'étranger.

- 24 mars : JO officiellement reportés à 2021.

- 25 mars : Le projet de loi sur l'aide d'urgence est adopté. Le Canada oblige tous les voyageurs arrivant dans le pays à se mettre en quarantaine pendant 14 jours.

- 30 mars: Trudeau dit qu'un nouveau programme de subventions salariales couvrira toutes les entreprises dont les revenus ont chuté d'au moins 30% à cause de COVID-19.

- 2 avril : Le nombre de morts de la COVID-19 dépasse les 100 au Canada.

- 3 avril : L'Ontario prévoit que le nombre de morts du COVID-19 pourrait atteindre 15 000.

- 4 avril : La société américaine 3M a été sommée par la Maison Blanche de cesser d'exporter des respirateurs N95 au Canada.

- 6 avril : 3M conclut un accord avec la Maison Blanche pour fournir des masques N95 au Canada. La Dre Theresa Tam, administratrice en chef de la santé publique du Canada, affirme que le port de masques est un moyen pour les personnes qui pourraient avoir la COVID-19 sans s'en rendre compte de ne pas propager la maladie.

- 9 avril : Ottawa prévoit que 4 400 à 44 000 Canadiens pourraient mourir de la COVID-19. Le gouvernement annonce que plus d'un million de personnes ont perdu leur emploi en mars

- 13 avril : Le gouvernement fédéral annonce que près de 5,4 millions de Canadiens reçoivent une aide d'urgence.

- 15 avril : Le Canada dépasse 1 000 décès liés au virus.

- 22 avril : L'Ontario et le Québec, les provinces les plus durement touchées, font appel à l'armée pour venir en aide aux foyers de soins de longue durée.

- 23 avril : Le nombre de morts au Canada dépasse les 2 000 alors que le pays annonce qu'il versera 1,1 milliard de dollars dans les tests de vaccins.

- 25 avril : Le Nouveau-Brunswick introduit une bulle à deux ménages, permettant aux gens d'interagir avec les autres.

- 28 avril : Le Canada atteint 50 000 cas.

- 4 mai : Les restrictions commencent à être levées dans plusieurs provinces, dont le Québec et le Manitoba.

- 8 mai : Le taux de chômage grimpe à 13 %, le deuxième chiffre le plus élevé jamais enregistré au Canada.

- 11 mai : Certaines écoles du Québec rouvrent et les magasins de l'Ontario commencent à offrir le ramassage en bordure de rue.

- 12 mai : le nombre de morts dépasse les 5 000.

- 13 mai: Le meilleur médecin du pays affirme que les Canadiens des communautés où la COVID-19 se propage encore devraient porter des masques non médicaux lorsqu'ils ne peuvent pas rester physiquement éloignés des autres.

- 14 mai : De nombreux magasins, garderies et salons de coiffure ouvrent en Alberta.

- 23 mai: Des milliers de personnes emballent un parc par une journée ensoleillée à Toronto, faisant craindre une nouvelle épidémie.

- 26 mai : Un nouveau rapport de l'armée aidant à combattre la COVID-19 dans cinq établissements de soins de longue durée en Ontario révèle une négligence extrême et expose l'étendue des conditions horribles auxquelles sont confrontés les résidents.

- 29 mai : Au moins 41 employés et élèves sont testés positifs pour la COVID-19 au cours des deux premières semaines après la réouverture des écoles élémentaires à l'extérieur de la région de Montréal.12 juin : L'Ontario entre dans l'étape 2 de sa réouverture, à l'exception de Toronto, de Windsor-Essex et de la région de Peel.

- 18 juin : Le Canada enregistre officiellement plus de 100 000 cas de COVID-19 pendant toute la durée de la pandémie.

- 26 juin : La Croix-Rouge canadienne envoie 900 personnes pour travailler dans les foyers de soins de longue durée du Québec jusqu'à la mi-septembre, en remplacement des membres des Forces armées canadiennes.

- 26 juin : Le gouvernement de la Nouvelle-Écosse annonce que tous les bars et restaurants peuvent fonctionner à pleine capacité après plus de deux semaines sans un seul nouveau cas de COVID-19.

- 3 juillet : L'Î. -P.-É., Terre-Neuve-et-Labrador, le Nouveau-Brunswick et la Nouvelle-Écosse commencent à autoriser leurs voisins de l'Atlantique à visiter sans s'isoler pendant 14 jours après leur entrée. La soi-disant « bulle atlantique » comme moyen de stimuler les économies locales en difficulté.

- 16 juillet: Trudeau affirme que les gouvernements : fédéral, provincial et territorial ont conclu un accord sur des milliards de dollars de transferts pour continuer à rouvrir les économies au milieu de la pandémie de COVID-19. Trudeau dit que le gouvernement fédéral contribuera à 19 milliards de dollars à l'effort.

- 18 juillet : Les Blue Jays se voient refuser l'autorisation de jouer à Toronto en raison de la pandémie de COVID-19

- 28 juillet : Le remdesivir devient le premier médicament à être approuvé par Santé Canada pour le traitement des patients présentant des symptômes graves de la COVID-19.

- 31 juillet : COVID Alert, une application volontaire pour smartphone qui peut vous avertir si vous vous trouvez à proximité d'une personne testée positive au COVID-19, devient disponible en téléchargement.

- 3 août : Québec augmente les limites des rassemblements publics intérieurs et extérieurs de 50 personnes à 250 personnes. Le ministre de la Santé de la province affirme que malgré les règles assouplies, la COVID-19 continue de circuler au Québec, en particulier chez les jeunes.

- 17 août : La Ligue canadienne de football annule sa saison 2020, ce qui en fait la première année depuis 1919 que la Coupe Grey ne sera pas décernée.

- 8 septembre : Des centaines de milliers d'enfants et d'adolescents à travers le Canada réintègrent les salles de classe pour la première fois en six mois. L'Alberta et le Québec sont parmi les premiers à signaler de nouveaux cas de COVID-19 liés à la réouverture des écoles.

- 14 septembre : Le caucus du Bloc québécois, dont le chef Yves-François Blanchet, entre en isolement après qu'un membre du personnel de Blanchet a été testé positif au COVID-19.

- 16 septembre: Le chef conservateur fédéral Erin O'Toole dit que lui, sa famille et certains travailleurs du parti sont en isolement après qu'un assistant a été testé positif au COVID-19.

- 9 septembre : Le Nunavut signale ses premiers cas confirmés de COVID-19. L'administrateur en chef de la santé publique du territoire a déclaré qu'il y avait deux cas à la mine d'or de Hope Bay, à 125 kilomètres au sud-ouest de Cambridge Bay. Le haut responsable de la santé publique, le Dr Michael Patterson, affirme que les deux mineurs ont été exposés dans leur juridiction d'origine.

- 22 septembre: Rebecca O'Toole, l'épouse du chef conservateur Erin O'Toole, testée positif pour COVID-19.

- 23 septembre : Dans une adresse au pays, Trudeau affirme que la deuxième vague de COVID-19 est en cours. Il déclare que les familles ne pourront probablement pas se réunir pour Thanksgiving, mais il n'est pas trop tard pour sauver Noël.

- 25 septembre: Des restrictions plus strictes contre la COVID-19 sont également réimposées à Winnipeg en raison d'un pic de cas. En Ontario, Ford dit que les bars et les restaurants devront cesser de servir de l'alcool à 23 h.

- 30 septembre : Les parlementaires adoptent à l'unanimité le projet de loi C-4 pour inaugurer un nouveau lot d'avantages liés à la COVID-19. Pour les Canadiens laissés sans emploi ou sous-employés en raison de la pandémie, la législation remplace le programme de soutien CERB par un régime d'assurance-emploi plus flexible et généreux.

- 1er octobre : De nouvelles règles strictes entrent en vigueur dans trois régions du Québec au cœur de l'augmentation du nombre de cas de COVID-19 dans la province. Les bars, cinémas et salles à manger des restaurants sont fermés pour au moins 28 jours à Montréal, Québec et Chaudière-Appalaches. Les restaurants sont toujours autorisés à proposer des plats à emporter. La plus stricte des nouvelles mesures comprend l'interdiction des rassemblements privés.

- 19 octobre : Le nombre de cas de COVID-19 au Canada dépasse la barre des 200 000. Le développement survient un peu plus de quatre mois après que le Canada a atteint le seuil de 100 000 cas.

- 28 octobre : Un rapport de l'administrateur en chef de la santé publique du Canada portant sur la première vague de la pandémie de COVID-19 indique que le Canada se classe au 26e rang mondial pour le nombre total de décès par million d'habitants.

- 10 novembre : Le gouvernement du Manitoba oblige les magasins non essentiels à fermer et interdit les rassemblements sociaux dans le but d'arrêter une vague de cas de COVID-19.

- 16 novembre : Le nombre de cas de COVID-19 au Canada dépasse les 300 000 moins d'un mois après avoir franchi le seuil des 200 000.

- 23 novembre : Les premiers ministres de l'Île-du-Prince-Édouard et de Terre-Neuve-et-Labrador annoncent qu'ils se retireront temporairement de la soi-disant « bulle de l'Atlantique » pendant deux semaines en raison d'une résurgence des cas de COVID-19 au Canada atlantique.

- 26 novembre : Les responsables fédéraux de la santé affirment que le Canada a conclu des accords d'achat avec sept producteurs de vaccins contre la COVID-19.

- 26 novembre: Le Nouveau-Brunswick devient la dernière province de l'Atlantique à se retirer de la soi-disant bulle et à exiger que toute personne entrant dans la province s'isole pendant 14 jours. La province introduit également des mesures de santé publique renforcées dans la région de Fredericton.

- 27 novembre : Trudeau affirme que la plupart des Canadiens devraient recevoir le vaccin contre la COVID-19 d'ici septembre 2021. Le premier ministre affirme que le programme de distribution de vaccins du Canada serait dirigé par l'ancien commandant de l'OTAN, le major-général. Dany Fortin.

- 2 décembre : Johnson & Johnson entame le processus de demande d'approbation d'urgence de son vaccin COVID-19 auprès de Santé Canada et de l'Agence européenne des médicaments, tandis que le vaccin COVID-19 de Pfizer-BioNTech reçoit l'autorisation d'utilisation d'urgence au Royaume-Uni.

- 4 décembre : Le Canada enregistre plus de 400 000 cas de COVID-19, 18 jours seulement après avoir atteint la barre des 300 000.

- 7 décembre : Trudeau affirme que le Canada recevra jusqu'à 249 000 doses du vaccin COVID-19 de Pfizer-BioNTech en décembre

- 8 décembre : Des résultats partiels publiés dans la revue médicale Lancet, suggèrent que le vaccin candidat COVID-19 de l'Université d'Oxford et d'AstraZeneca est sûr et efficace à environ 70 %.9 décembre : Santé Canada approuve l'utilisation nationale du vaccin COVID-19 de Pfizer-BioNTech.

- 14 décembre : Les premières doses du vaccin Pfizer-BioNTech sont administrées à des personnes du Québec et de l'Ontario.

- 20 décembre : Le Canada dépasse les 500 000 cas au total de COVID-19 alors que le Nunavut signale ses deux premiers décès. Le gouvernement fédéral limite les voyages depuis le Royaume-Uni pendant 72 heures dans le but d'empêcher une nouvelle souche contagieuse d'entrer au Canada.

- 23 décembre : Santé Canada affirme que le vaccin COVID-19 de la société de biotechnologie américaine Moderna peut être utilisé en toute sécurité au Canada.

- 26 décembre : L'Ontario confirme ses deux premiers cas canadiens d'une variante plus contagieuse de la COVID-19 identifiée pour la première fois au Royaume-Uni. La province réintègre également un verrouillage qui ferme les entreprises non essentielles et ferme les écoles à l'apprentissage en personne pendant au moins deux semaines.

- 28 décembre : Le Canada dépasse les 15 000 décès liés à la COVID-19.

- 30 décembre : Le gouvernement fédéral annonce son intention d'exiger que les voyageurs aériens soient testés négatifs pour la COVID-19 avant d'atterrir au Canada.

- 3 janvier 2021 : Le Canada dépasse les 600 000 cas totaux de COVID-19.

- 6 janvier : Le Québec devient la première province à annoncer un couvre-feu pour freiner la flambée des infections au COVID-19. Le gouvernement provincial dit qu'il doit être appliqué pendant quatre semaines.

- 8 janvier : Une nouvelle variante de la COVID-19 apparue pour la première fois en Afrique du Sud est signalée en Alberta. La Nouvelle-Écosse et le Nouveau-Brunswick resserrent leurs frontières, obligeant les personnes entrant dans les provinces à se mettre en quarantaine pendant 14 jours.

- 9 janvier : Le couvre-feu du Québec entre en vigueur, interdisant à la plupart des résidents de quitter leur domicile entre 20 h et 5 h. et 5h du matin

- 11 janvier : Le nombre de morts en Ontario dépasse les 5 000.

- 14 janvier: Une ordonnance de séjour à domicile entre en vigueur en Ontario quelques jours après que le nombre quotidien de cas a presque atteint 4 000. Parmi les mesures ajoutées figurent l'obligation pour les personnes de porter un masque à l'intérieur des entreprises et des restrictions sur la taille des rassemblements. Tous les magasins de détail non essentiels ne peuvent ouvrir qu'entre 7 h et 20 h.

- 15 janvier : Pfizer annonce qu'il réduira temporairement la livraison de vaccins au Canada en raison de problèmes avec ses chaînes de production européennes.

- 16 janvier : Le Canada dépasse les 700 000 cas de COVID-19.

- 23 janvier : Santé Canada confirme qu'il a approuvé un test COVID-19 rapide de Spartan Bioscience pour une utilisation dans tout le pays. La société avait précédemment rappelé sa technologie de test rapide au printemps en raison des préoccupations exprimées par l'agence fédérale.

- 24 janvier: La région d'Edmundston au Nouveau-Brunswick entre en confinement dans le but d'annuler une augmentation du nombre de cas locaux de COVID-19[30]

Le défilé des variants

Vous savez, la souche initiale du coronavirus Sars-CoV-2 mute régulièrement selon les scientifiques. C'est ce qu'on appelle un ''variant''. La situation au Canada et particulièrement au Nouveau-Brunswick est stable avec une dominance du variant Omicron, moins sévère que le Delta.

Nous devons savoir que l'émergence de variants au cours du temps est donc un phénomène très attendu. Alpha, le premier variant préoccupant détecté en novembre 2020 au

---

[30] https://globalnews.ca/news/7597228/covid-canada-timeline/

Royaume-Uni, a stupéfié les scientifiques. Il contenait à lui seul vingt-trois mutations qui le différencient de la souche originelle de SARS-CoV-2, dont huit se trouvaient dans la protéine de spicule, essentielle pour qu'un virus s'ancre aux cellules humaines et les contamine. *"Il est devenu clair que le virus pouvait faire de surprenants sauts évolutifs"*, confie Stephen Goldstein, virologue évolutionniste à l'Université d'Utah. Avec de telles mutations, Alpha était 50 % plus facilement transmissible que le virus d'origine.

La version suivante du virus, Beta, a d'abord été détectée en Afrique du Sud et a été considérée comme variant préoccupant un mois plus tard. Ce variant contenait huit mutations dans la protéine de spicule, dont certaines aidaient le virus à éviter les défenses immunitaires du corps.

Quand le variant Gamma a émergé en janvier 2021, il avait vingt-et-une mutations, dont dix se trouvaient dans la protéine de spicule. En raison de certaines de ces mutations, Gamma était très transmissible et était capable de contaminer à nouveau des patients qui avaient déjà contracté la COVID-19. *"Il est surprenant de voir ces variants faire des sauts assez importants dans leur niveau de transmissibilité"*, affirme Goldstein virologue évolutionniste à l'Université d'Utah. Il dit : *"Je pense que nous n'avions jamais observé un virus agir de cette manière mais, bien sûr, nous n'avions encore jamais observé de pandémie avec un tel potentiel de séquençage génétique"*

Puis il y a eu Delta, l'un des variants les plus dangereux et contagieux. Il a été détecté pour la première fois en Inde, et a été qualifié de variant préoccupant en mai 2021. À la fin de l'année, il est devenu le variant dominant dans la quasi-totalité des pays. Sa constellation de mutations unique (*treize au total, dont sept dans la protéine de spicule*) multipliait par deux la contagiosité de Delta par rapport au SARS-CoV-2 original, engendre des infections plus longues dans le temps, et produisait 1000 fois plus de virus dans les corps des personnes infectées.

Cependant, Omicron, qui est deux à quatre fois plus contagieux que Delta, a rapidement remplacé ce dernier dans de nombreux endroits du monde. Détecté pour la première fois en novembre 2021, il comporte un nombre inhabituellement élevé de mutations : plus de cinquante au total et au moins trente dans la protéine de spicule, dont certaines aident le virus à échapper aux anticorps plus facilement que les précédentes versions. *''Ces sauts énormes dans les mutations rendent la pandémie bien plus imprévisible''*, affirme François Balloux[31], bio-informaticien à l'Institut de génétique de l'University College de Londres.

La COVID n'est plus uniquement un sujet d'actualité : il est devenu omniprésent dans notre société et sa contagiosité a d'abord été liée dans l'ensemble à la géographie et la densité de population, deux éléments qui sont des facteurs clés de la propagation initiale du virus. Les personnes qui ont dû se rendre sur leur lieu de travail ont été plus touchées. Il y a eu une plus grande incidence du virus chez les personnes âgées ainsi que dans certaines régions. Notre population néo-brunswickoise a traversé cette crise sanitaire sous l'impact

---

[31] https://www.nationalgeographic.fr/sciences/deux-ans-apres-le-debut-de-la-pandemie-le-coronavirus-continue-de-surprendre-les-experts

de la distanciation sociale et les mesures drastiques de confinement mises en place par le gouvernement sous le prisme de la question des inégalités sociales. C'est aussi durant toutes ces périodes de confinement que les préoccupations de nos concitoyens sont passées majoritairement de la santé aux conséquences économiques. Nous constatons que le virus est devenu une menace tangible. Toutes les couches de la société étaient très impactées laissant la place à une augmentation du stress. Les citoyens et citoyennes, dont le niveau de bien-être était inférieur, sont particulièrement impactés. C'est aussi le cas des personnes vulnérables financièrement. Les gens infectés par la COVID-19 n'ont pas souffert seulement sur le plan physique avec une lourde fatigue qui s'est installée dans la durée, mais aussi le stress psychologique et économique. Les longues heures passées à la maison permettent de ralentir le rythme et de réfléchir au sens de la vie. Plus que tout, c'est l'accès à la nature et aux espaces verts qui soulageait celles et ceux qui tentaient de s'adapter à une organisation sociale désormais centrée sur le domicile. Pourtant, des fissures transparaissent.

Le confinement s'avère également une source potentielle de stress familial. Parmi ceux qui ne vivent pas seuls. Le principal facteur explicatif de ces tensions est la superficie de l'habitation. Le confinement perturbe la sociabilité, comme aucun autre événement ne l'a fait depuis la Seconde Guerre mondiale. Heureusement que les smartphones et les écrans d'ordinateur ont cependant aidé à compenser partiellement ce manque d'interaction sociale en face à face. Des parents, tous niveaux d'éducation confondus, supervisaient quotidiennement le travail de leurs enfants. Cette charge supplémentaire a entraîné chez certains un stress accru, mais a également contribué de façon positive à une meilleure et nouvelle compréhension des besoins éducatifs de leurs enfants.

Le sondage réalisé auprès de plus de 1500 Canadiens, par Maru/Matchbox pour le compte de la Fondation canadienne des femmes parle des mères canadiennes au bout du rouleau : *"La pandémie continue d'avoir un impact négatif disproportionné sur la santé mentale et la carrière des mères canadiennes qui seraient pour près de la moitié d'entre elles au point de rupture. Le sondage réalisé auprès de plus de 1500 Canadiens, par Maru/Matchbox pour le compte de la Fondation canadienne des femmes en avril, a révélé que 48 % des mères au Canada disent atteindre le point de rupture, comparativement à 39 % des pères - L'enquête menée en 2022 a révélé que 67 % des mères étaient préoccupées par leur santé physique, contre 55% l'an passé. Plus d'un tiers (39 %) des mères déclarent avoir du mal à répondre aux exigences du travail, contre 28 % en 2021. Deux mères sur cinq (37 %) ont mis leur carrière en veilleuse pour gérer les responsabilités domestiques et de soins. Près de la moitié (47) % trouvent épuisant d'essayer de concilier travail et responsabilités parentales. La grande majorité des mères (96 %) conviennent que les mères et les soignantes ont été considérablement touchées par la pandémie et ont besoin de plus de soutien. La charge mentale et les inégalités au sein des couples se seraient aussi accentuées. Plus de mères que de pères disent avoir dû mettre leur carrière en veilleuse pour gérer leurs responsabilités familiales/parentales (37 % contre 19 %). Les femmes sont plus enclines que les hommes à gérer les horaires et les activités de l'enfant ou des enfants (68 % contre 23 %) ainsi qu'à soutenir l'éducation de l'enfant ou des enfants (58 % contre 23 %). Plus*

*de la moitié des femmes (57%) prennent des dispositions lors-
que les écoles sont fermées alors que moins d'un quart des
hommes le font (22 %). Dans l'ensemble, les mères sont plus
anxieuses (41 % contre 34 %), tristes (24 % contre 14 %) et
contrariées (22 % contre 14 %) que les pères. Une autre étude
montre que les niveaux de dépression et d'anxiété chez les
mères ont presque doublé entre 2019 et 2020 : 35 % des mères
ont signalé des symptômes de dépression en 2020, contre 19 %
pendant la période prépandémique"*[32]

Je pense qu'il est impératif d'arrêter de ranger les citoyens
dans des cages de "fils barbelés" en fonction de leurs choix
personnels. Le ras-bol d'une hystérie collective commence à
mobiliser pour dire à nos gouvernements d'arrêter leur con-
nerie. Nous sommes un pays libre et ce n'est pas parce qu'on
n'est pas vacciné qu'on est antivax.

Je suis inquiet, parce que je ne sais pas où l'on va. Le GPS
du gouvernement est-il en mode panique? La question que je
me pose est celle-ci: allons-nous construire davantage de
murs à la Donald Trump entre les pays à chaque fois qu'il y a
un nouveau variant? Nous avons assez de tous ces murs qui
ne règlent aucun problème, mais aggravent les dissensions
entre peuples et nations. En plus, les fractures sont béantes
au grand jour. Le peuple est traumatisé et hyper fatigué. Je
suis désolé de vous dire que nous avons perdu le nord. Selon
moi, la réponse qu'apportent nos politiques à cette pandémie
est davantage agressive et violente. Ils sont constamment
dans la nervosité que pour l'apaisement. Ils nous ont dit que
nous allions acquérir l'immunité si tout le monde se vaccine.
Et ce n'est pas rationnel de voir nos dirigeants qui après avoir

---

[32] https://www.tvanouvelles.ca/2022/05/08/les-meres-canadiennes-au-bout-du-rouleau

dit de tels propos sont en mode panique à chaque fois qu'il y a une mutation. Les frontières ont été refermées à maintes reprises sans tenir compte de l'impact que cela va avoir sur toutes nos sociétés sur le plan : mental, relationnel, travail, famille, finance, psychologique, etc. Nos gouvernements perdent la tête et la raison. Nous voyons de plus en plus que nos peuples commencent à abdiquer et à décrocher, parce qu'ils sont fatigués et épuisés.

Savez-vous que les mots ont toujours un sens. Les politiques ont joué avec la dialectique et la diatribe pour chercher à nous convaincre de se faire vacciner. On nous a parlé du PassSanitaire versus PassVaccinal. Ce vaccin ne guérit personne et ne nous protège pas contre la maladie. Le mot PassSanitaire crée de l'hystérie alors le mot PassVaccinal apporte l'apaisement et rassure la population.

La majorité de la population a accepté de prendre les deux doses et la troisième voire la quatrième comme un booster etc. Là aussi il faut saluer la résilience du peuple. On se dirige vers quelque chose auquel les gens ne vont plus adhérer et je crains que ça ne pète davantage. Les gens sont totalement perdus et la réaction qu'apportent les dirigeants de ce monde n'est pas sérieuse. Ce n'est pas sérieux de réagir aussi fort à chaque micro-signal d'une mutation, d'un variant et semer la panique au sein de la population qui porte une grosse dose de stress "pandémique". Où va-t-on? Je pense qu'on ne va nulle part.

Au cours de cette période pandémique au COVID-19, je constate qu'à longueur de journée que plusieurs médias, et dans leur globalité, entretiennent un climat de peur. Et vous savez comme moi que la peur suscite parfois plus de réactions, parce que c'est une émotion qui est perceptible et elle se propage comme une onde. Vous savez, la peur fait vendre et elle est une alliée du marketing. Une partie de la classe politique et une partie aussi des scientifiques et des médecins participent également à ce climat de peur face aux différents variants de COVID, pour des raisons différentes. Selon moi, les scientifiques et les médecins ont intérêt à annoncer le pire pour se couvrir et pour qu'il n'y ait que des bonnes surprises, et pour préserver l'état de l'hôpital. Un exemple d'un fait, la manière dont le nouveau variant Omicron tout droit venu d'Afrique du Sud est traité sur la scène médiatique et politique. *Depuis quelques jours, on entend parler de catastrophe, de raz-de-marée, de mur, de falaise, etc.* Non, l'apocalypse n'a pas lieu. En revanche, les entreprises Pfizer, BioNTech, Moderna etc. ont saisi la balle au bond pour vendre leurs produits à des milliards de dollars à nos gouvernements pendant que la population est en mode panique.

Selon le journal les Échos : " *Le lancement de la campagne de vaccination fin 2020 a dopé les résultats du groupe pharmaceutique Pfizer, qui avait développé son vaccin Comirnaty avec la biotech allemande BioNTech. Le chiffre d'affaires de l'entreprise américaine a bondi de 95 % en 2021, à 81,3 milliards de dollars, et son bénéfice net a plus que doublé, à 22 milliards de dollars. Le vaccin des deux firmes est désormais autorisé pour tous les adultes en Europe, aux États-Unis, au Canada etc. où il est aussi autorisé pour les enfants de plus de 5 ans - Pfizer prévoit d'écouler cette année pour 32 milliards de dollars de son vaccin contre la COVID-19 développé avec BioNTech, la "star" des vaccins anti-Covid, mis au point en un temps*

record, ainsi que pour 22 milliards de dollars de <u>sa pilule des-</u>
<u>tinée à traiter la Covid</u> . Les prévisions pour 2022 sont basées
sur les contrats et engagements pris fin janvier et pourraient
donc encore augmenter - Pfizer prévoyait début 2021 de
vendre pour seulement 15 milliards de dollars de son vaccin
anti-Covid avant de relever ses prévisions plusieurs fois. La
firme a finalement vendu son vaccin pour 36,8 milliards de dol-
lars. Pfizer a par ailleurs annoncé en janvier avoir lancé un es-
sai clinique visant à en tester une version visant spécifique-
ment le variant Omicron. Quant à sa pilule anti-Covid, un trai-
tement commercialisé sous le nom de Paxlovid autorisé fin dé-
cembre aux États-Unis, Pfizer en a déjà vendu pour 72 millions
de dollars en 2021 - Pfizer s'attend au total à un chiffre d'af-
faires compris entre 98 et 102 milliards de dollars pour cette
année et à un bénéfice ajusté par action compris entre 6,35 et
6,55 dollars, ce qui un peu en dessous des prévisions. Les ana-
lystes s'attendaient aussi à un chiffre d'affaires un peu plus
élevé fin 2021. A titre de comparaison, en 2018, la firme amé-
ricaine affichait un chiffre d'affaires de 53 milliards de dol-
lars"[33]

Autre information, selon Oxfam France : *"Pfizer, BioNTech*
et Moderna réalisent 1 000 dollars de bénéfices par seconde
alors que les pays les plus pauvres du monde restent en grande
partie non vaccinés"[34]

Les gens vont s'en apercevoir que nos dirigeants nous ont
niqués par des calculs politiques. Ils nous disent à longueur
de journée que la solution est de se faire vacciner et surtout

---

[33] https://www.lesechos.fr/industrie-services/pharmacie-sante/pfizer-a-double-son-bene-fice-net-en-2021-a-22-milliards-de-dollars-1385415
[34] https://www.oxfamfrance.org/communiques-de-presse/pfizer-biontech-et-moderna-reali-sent-1-000-dollars-de-benefices-par-seconde-alors-que-les-pays-les-plus-pauvres-du-monde-restent-en-grande-partie-non-vaccines/

de vacciner la terre entière, ce qui est impossible. Ça fait des décennies qu'on vaccine l'Inde pour endiguer la tuberculose qui tue encore les indiens et on n'y arrive pas du tout.

Nos gouvernements ont l'air benêt face à cette pandémie qui perdure. Leurs réactions sont très anxiogènes, disproportionnées et ils ont semé de l'hystérie au sein de la population qui ne croit plus mais vit dans une sorte de psychose panique, celui de la peur que je décris plus haut. À chaque annonce de la part du gouvernement c'est un *''séisme à l'échelle Richter d'une magnitude de 9''* qui fait vibrer le cœur des citoyens. La responsabilité des politiques aujourd'hui n'est pas d'angoisser les peuples qui sont déjà angoissés par d'autres maux qui minent notre société comme : le pouvoir d'achat, l'inflation, les inégalités sociales etc. Ma question est celle-ci : est-ce que notre gouvernement ne manipule-t-il pas l'opinion, ne dramatise-t-il pas, ne joue-t-il pas sur la psychose de la peur face à cette population fragile pour faire avancer son projet? Pire encore, il nous oblige à se faire vacciner – première, deuxième, troisième dose etc. Alors, comme toutes ces doses ne marchent pas, il nous faut une quatrième voire une cinquième dose qui ne marche pas. Cela devient inefficace mais aussi dangereux parce que les faits démontrent que ça ne marche pas. Jusqu'où allons-nous aller dans cette folie. N'avons-nous pas atteint le ridicule ?

On nous avait dit qu'avec le vaccin plus de masque, plus de test avec une liberté retrouvée. Deux ans après, vous avez besoin d'un masque, d'un PassVaccinal etc. pour aller dans un certain lieu. Les citoyens en ont ras-le-bol. Ils ne voient pas de sortie de tunnel. Le vaccin est une invention formidable et ça permet d'éviter les formes graves et ce n'est pas la seule solution : où sont les purificateurs d'air dans les écoles, aucune politique publique de santé publique pour une meilleure alimentation, et pour des personnes qui ont un problème de poids ou de surpoids... Écoutez, il faut arrêter l'idéologie du vaccin.

Nos gouvernements doivent sortir de ce mode panique de gestion, de marchands de peur et cesser de se mettre la rate au court-bouillon. Il faut qu'ils comprennent qu'on va vivre de façon endémique avec le coronavirus pour les années avenir. C'est une maladie comme toutes les autres.

Identifié pour la première fois en Afrique du Sud, le variant Omicron a poussé de nombreux pays à fermer leurs frontières à l'Afrique australe alors qu'ils venaient parfois à peine de se rouvrir au monde. Quand Omicron était en pleine ascension, les politiques, les soignants et les scientifiques ont énormément parlé de l'Afrique du Sud, plus personne n'en parle quand il est en pleine descente. J'ai remarqué un détail durant la pandémie - Quand ça va mal, on a les yeux rivés sur l'Afrique du Sud et subitement, quand ça va mieux, on se préoccupe des endroits où ça va plus mal. Pourquoi tout un coup nos gouvernements ont contracté une étrange cataracte, c'est vraiment bizarre et qu'est-ce qui s'est passé ? En revanche, le variant Omicron était moins dangereux que ses prédécesseurs, comme semble en attester <u>une très récente étude britannique</u>[35], qui évalue qu'un patient atteint par ce variant a 70% de chances de moins d'être hospitalisé, qu'un malade contaminé par le Delta. Alors, ce variant Omicron,

---

[35] https://www.france24.com/fr/plan%C3%A8te/20211223-le-taux-d-hospitalisation-est-plus-faible-avec-le-variant-omicron-selon-deux-%C3%A9tudes-britanniques

est-il dangereux ou est-il inoffensif ? Pas de cataclysme hospitalier, pas d'envolée des décès. Alors, pourquoi s'en faire ? Nos responsables politiques sont-ils des charlatans et de diseurs de mauvaises nouvelles ? Quand on dira que la vague Omicron n'emmène pas les gens en réanimation, de quoi vont-ils, vous parler? Je pense qu'ils auront le courage de nous parler que de Covid longs parce que ce sera leur dernier joker pour dire qu'il faut tout fermer et c'est ce que nous avons enduré pendant plusieurs mois. Vous savez quand on ne sait pas gérer une chose on se réfugie dans la pensée magique. Malheureusement, *''L'apocalypse Omicron n'aura pas lieu''* tant attendu ne sera pas possible comme l'ont dit plusieurs experts en la matière.

Beaucoup de citoyens aujourd'hui vivent la pression psychologique, la santé mentale. Nos psychiatres sont extrêmement inquiets et dépassés par des évènements qui s'alignent. Ils sont surmenés par le travail...Nos hôpitaux sont en danger avec des services d'urgence qui sont déjà surmenés avec un détricotage du maillage régional. Les maternités se ferment parce qu'il y a un manque criant de médecins dans nos régions. Les cas de Covid - 19 se multiplient et les urgences sont surmenées au point où la population est demandée de na pas s'y rendre sauf en cas de maladie grave. Le nombre de morts ne cesse d'augmenter. Les dégâts psychologiques après cette pandémie vont être importants dans nos hôpitaux. La mortalité des patients pèse déjà sur le moral des soignants qui combattent la COVID-19...ils voient presque tous les jours les citoyens qui se battent entre la vie et la mort. L'impact psychologique des nombreux décès liés au COVID-19 inquiète beaucoup de soignants et certains soignants y ont laissé leur vie parfois par le suicide. Nous nous souvenons de cet événement malheureux, la mort de la jeune docteure urgentiste new-yorkaise du nom de Lorna Breen qui s'était suicidée à cause des souffrances psychologiques endurées par les soignants face à la pandémie : *''La sœur du docteur Lorna Breen, chef des urgences d'un hôpital de New York, a évoqué auprès de NBC à quel point le coronavirus avait transformé la vie du médecin. Le docteur Lorna Breen faisait toujours passer le bien-être de ses équipes avant le sien. Chef des urgences du New York-Presbyterian Allen Hospital, elle était en première ligne face à la pandémie de coronavirus dont New York est l'épicentre aux États-Unis. Dimanche, celle qui avait elle-même contracté le virus et était partie se reposer chez sa famille en Virginie a été retrouvée morte par son père. Lorna Breen s'est suicidée. Son père, également médecin, avait expliqué que sa fille souffrait de la situation et lui avait raconté à quel point il était douloureux de voir les gens mourir du COVID-19. Elle lui avait décrit l'horreur de ces patients qui mourraient avant même d'avoir pu être sortis de l'ambulance. "Elle était réellement en toute première ligne", avait commenté son père...''*[36].

La détresse psychologique du personnel soignant qui doit fermer les blouses mortuaires quand le patient meurt. C'est un gros choc...et ses images vont rester longtemps dans leur subconscient pendant toute leur carrière. Beaucoup parmi eux craquent et sont constamment en larmes. Les dégâts psychologiques vont être importants. Certains soignants dorment mal la nuit et souffrent de brûlures d'estomac et ils font des cauchemars. Le personnel soignant est soumis à une sur-

---

[36] https://www.parismatch.com/Actu/Faits-divers/Pour-la-soeur-de-Lorna-Breen-medecin-qui-s-est-suicidee-le-coronavirus-a-altere-son-cerveau-1683800

charge de travail à laquelle il faut ajouter une surcharge émotionnelle: ils prennent des décisions qui affectent la vie de personnes et souffrent d'un sentiment d'impuissance du fait du manque de moyens. Plusieurs soignants passent moins du temps avec leurs membres de familles (*mari, femme ou enfants*) et ils craignent de contaminer les leurs après une journée de travail colossal sans repos. Il y a davantage moins de visages luisants et joyeux auprès du personnel soignant – Anxiété, détresse, manque de sommeil, plusieurs questions sans aucune réponse, l'avenir est ténébreux etc. Un stress post-traumatique après cette fameuse pandémie, surtout les personnes les plus faibles psychologiquement sont en danger. Combien vont abandonner ou quitter leur métier après cette pandémie et surtout changer de carrière. Le manque de personnel soignant va davantage se faire sentir dans les hôpitaux et pour combler les postes vacants, ça va être difficile de recruter les futurs personnels soignants, un gros défi pour les ressources humaines.

Écoutez, nous sommes quand même en 2022 dans un grand pays, le Canada. Certains services d'urgence ferment versus pas d'attractivité. Et avec la COVID-19 les infirmières, infirmiers et médecins partent et le gouvernement a de la misère à recruter. Albert Einstein disait ceci : ''On ne résout pas un problème avec les modes de pensée qui l'ont engendré''. Par exemple, quand on prend une infirmière en psychiatrie et on la met à l'oncologie ensuite à l'urgence c'est chiant et en même temps aberrant parce qu'elle ou qu'il sera démotivé en général elle ne va pas bien effectuer son travail et les patients en pâtissent à la longue. Les soignants malheureux sont aussi les patients malheureux. En revanche, il y a un gros problème de crise structurelle qui existe depuis des décennies dans la province comme dans le Canada entier (*Le ministère de la Santé du Nouveau-Brunswick confirme que 63 000 personnes sont inscrites sur la liste d'Accès patient NB...la liste comportait 55 000 noms de personnes en attente d'un médecin de famille. Mais depuis, 11 000 nouveaux noms se sont ajoutés à la liste*)[37]. Les mauvaises nouvelles se succèdent : ''*Radio-Canada Acadie a appris qu'un autre oncologue du CHU Dr-Georges-L. Dumont de Moncton a remis sa démission. Il s'agit du quatrième spécialiste en traitement du cancer à quitter cette unité en un an. Selon nos informations, il est toujours en poste, mais quittera ses fonctions prochainement...Le Réseau de santé Vitalité indiquait alors que plus de 700 patients seront touchés*''[38] – ''*Au lendemain de l'annonce du départ d'une gériatre du Centre hospitalier universitaire Dr-Georges-L. Dumont (CHU) de Moncton, Radio-Canada Acadie a appris qu'une pédiatre a aussi quitté l'hôpital du Réseau de santé Vitalité*''[39]. Des gouvernements arrivent, promesses après promesses, ils partent et c'est toujours le statu quo. Le virus c'est tout simplement le symptôme et une crise de maladie qui est beaucoup plus profonde que les problèmes de nos régies hospitalières. Il faut remettre les soignants aux manettes.

Le respect que j'ai des médecins pour leur métier est immense. Depuis deux ans, ils ont essayé à longueur des journées, sur des plateaux de télévision, des réseaux sociaux, des radios de nous expliquer le pourquoi du vaccin et la raison pour laquelle il fallait le prendre ...je crois pour la plupart à

---

[37] https://ici.radio-canada.ca/nouvelle/1893051/medecin-famille-nouveau-brunswick-penurie

[38] https://ici.radio-canada.ca/nouvelle/1891843/oncologue-chu-dumont-vitalite-demission-depart-cancer-patients

[39] https://ici.radio-canada.ca/nouvelle/1894775/depart-specialiste-chu-dumont-moncton-pediatre-inquiteude-aine

leur sincérité. Leur désir fort est de voir cette fameuse pandémie disparaître si toute la population prend le vaccin c'est une chose impossible. Dans une bergerie, il y aura toujours des brebis qui font à leur tête. Dans le même temps, les médecins ont oublié la déontologie de leur métier et le rôle principal qu'ils ont celui de soigner les patients et pas donner les statistiques. Malheureusement, on n'entend que des statistiques...il y a 10, 100. 500, 1000, 1.000.000 de morts. Le médecin est là pour conseiller le gouvernement à la limite, mais ce n'est pas lui qui prend les décisions. Les médecins leur job est de soigner des malades mais pas de se battre sur les plateaux de télévision avec les journalistes et leurs invités pour essayer de convaincre la population.

La COVID-19 s'est révélé complexe, les médecins se sont déchirés en public, les stratégies et analyses se sont révélées plurielles et le politique a dû assumer son rôle : prendre des décisions difficiles dans un environnement incertain. En revanche, la pandémie nous a fait comprendre que le technocrate gestionnaire ou politique devait créer, changer de paradigme, d'affronter l'inconnu, la technocratie n'a pas été faite pour cela et elle panique d'autant plus que son utilité sociale est remise en cause. L'épreuve pour elle a donc été terrible et nos dirigeants qui sont majoritairement l'archétype des technocrates, n'ont jamais su incarner la dimension politique de la crise.

Combien de malades avons-nous eu en une semaine pour une population de... ? Ça fait deux ans qu'on nous raconte la même histoire et nous avons exactement le même scénario. Il y a-t-il une mauvaise appréciation des chiffres ? Admissions hospitalières en une semaine pour combien d'habitants

? Admissions en soins critiques en une semaine pour combien d'habitants ? Combien de lits d'hôpitaux pour la province? Combien de lits d'hôpitaux ont été fermés et combien ont été ouverts durant la crise COVID-19? Ne sommes-nous pas dans une sorte de torpeur invraisemblable. Une torpeur qui coûte très cher à la population du Nouveau-Brunswick. Il faut que les gens imaginent ce que ça coûte dans leur budget et ce que ça représente comme coût pour une pandémie qui n'en ait pas une - Nous sommes tous d'accord que cette pandémie a été forte au tout début...est-ce que ce n'est pas banal. Ce que je dis peut sembler horrible.

Il y a énormément de gens qui ont conscience de ce mensonge et d'autres qui interviennent parfois sans savoir de quoi ils parlent. Certains intervenants sont dans une sorte de conflit d'intérêt ...Il faut qu'une enquête soit diligentée par les médias pour savoir ce qui se passe. Je suis surpris de voir que les médias gobent tout ce qui se passe actuellement sans aucune enquête solide sur la façon dont la pandémie est gérée, les chiffres, le gouvernement. Ces médias qui disent qu'ils sont le contrepouvoir sont-ils en vacances à ''Bahamas Beach Resort'' en train de prendre un coup soleil que de faire une enquête solide sur la gestion de la pandémique à COVID-19 avec des chiffres? Les mêmes médias seront en alerte si jamais un politicien aurait des liaisons avec des prostituées et alors là ils vont tout faire pour démontrer comment l'éthique du politicien est entachée et il ne peut être au gouvernement parce que c'est contreproductif et un mauvais exemple...

La sortie de la crise sanitaire risque de nous plonger dans une crise identitaire, sociale, économique et politique. Cette crise sanitaire marque-t-elle la mort de la technocratie ?

Cette crise sanitaire marque la fin du rêve positiviste de la science et d'une société scientifique, où l'Homme serait toujours prévisible et où il suffirait de connaître les lois qui gouvernent le monde pour agir juste. La gestion de la Covid a été révélatrice de cela - *''Cette crise Covid m'a laissé quelque chose d'inquiet dans l'esprit... Ce ne sont pas des pensées moroses que j'ai dans le cerveau mais un manque d'événements, un trop plein de freinages. Cela me jette dans un état de puérilité sénile. Vite, que la vie revienne !''* – Alexandre Jardin

<u>30 leçons que nous pouvons tirer de la pandémie de COVID-19</u>

1. En temps de guerre, il faut utiliser tous les outils qui sont disponibles;

2. Les masques sont des outils utiles;

3. La télésanté pourrait devenir la nouvelle norme;

4. Les vaccins sont des outils puissants;

5. Tout le monde n'est pas traité de la même manière, surtout en temps de pandémie;

6. Nous devons prendre la santé mentale au sérieux;

7. Nous avons la capacité de résilience;

8. La communauté est essentielle, et la technologie aussi;

9. Parfois, vous avez besoin d'une dose d'humilité;

10. L'histoire humaine et l'histoire naturelle ne peuvent plus être séparées- la santé humaine et la santé de la planète vont de pair;

11. Mieux vaut prévenir que guérir- nous devons apprendre à écouter la science;

12. Les menaces mondiales nécessitent une collaboration mondiale;

13. Le rôle central du secteur privé;

14. La pandémie a révélé et aggravé les inégalités sous-jacentes dans notre système de santé et dans la société en général, comme en témoignent les taux plus élevés d'infection au COVID-19 et de décès dans les communautés de couleur. La crise a également creusé la fracture économique.

15. La pandémie a révélé les conséquences du sous-investissement dans la prévention en santé publique. Des mandats de santé publique lents et incomplets ont entraîné une surpopulation des urgences et des décès inutiles.

16. La pandémie a été le résultat d'une réponse de santé publique fragmentée et politisée dans une nation et un monde hyper connectés, et d'une absence de leadership au sommet. Il a exposé les conséquences des pays riches qui accordaient la priorité à la santé nationale et non mondiale, et comment l'augmentation des inégalités mondiales pourrait saper les efforts de suppression du virus.

17. La pandémie a démontré les dommages causés par une mauvaise communication et la désinformation. Les mensonges sur la sécurité des vaccins et les origines du virus étaient omniprésents, et ces derniers ont alimenté la discrimination contre les Américains d'origine asiatique.

18. La pandémie a montré que les pandémies peuvent infliger des dommages à long terme à la santé physique et mentale, dont certains ne sont peut-être pas encore

pleinement compris. Les personnes atteintes du syn-
drome "longue distance" du COVID-19 peuvent souffrir de symptômes persistants et débilitants comme
des étourdissements, des oublis, des maux de tête et
de la fatigue.

19. La pandémie a montré que la science peut développer
des tests efficaces, une modélisation des maladies infectieuses et des vaccins à une vitesse incroyable, bien
que les tests aux États-Unis aient été inutilement re-
tardés. La technologie a également permis à des millions de personnes de travailler à domicile et de recevoir des soins médicaux à distance, bien que l'inégalité
d'accès à Internet et au travail à distance ait accru les
inégalités. Les masques, une intervention Löw-tech et
non pharmaceutique, aident à prévenir la propagation
du COVID et d'autres maladies infectieuses comme la
grippe, bien qu'il nous ait fallu trop de temps pour
comprendre leur importance.

20. La pandémie a montré à quel point les communautés
durement touchées peuvent être résilientes. Grâce à la
mobilisation collective et à l'entraide, les communautés locales se sont mobilisées pour aider les personnes
dans le besoin, notamment par le biais des banques
alimentaires et des réfrigérateurs communautaires.
Les manifestations de masse qui ont suivi le meurtre
de George Floyd ont sensibilisé le public au racisme
structurel.

21. La pandémie a démontré à quel point les fermetures
d'écoles, les pertes d'emploi et l'isolement pèsent sur
la santé mentale et physique. Du côté positif, les entreprises et les écoles ont trouvé des moyens de se réin-
venter.

22. La pandémie a fait des ravages dans les villes, avec des pertes de revenus pour les transports en commun, les divertissements et le tourisme. Les villes aussi se sont adaptées, désignant des rues ouvertes aux piétons et aux cyclistes et permettant la prolifération des repas en plein air. En l'absence de circulation automobile, les villes ont connu de fortes baisses de la pollution atmosphérique.

23. La COVID-19 a montré qu'une pandémie mondiale peut se produire et infliger de graves pertes de vie, même dans les pays les plus riches du monde. Cela a également montré qu'une pandémie peut se reproduire.

24. L'absence d'imagination, l'intelligence collective devait être utilisée pour imaginer des solutions nouvelles

25. La contrainte est contreproductive en matière de santé publique

26. La vaccination ne relève pas de la politique mais de la médecine

27. Tout ce qui tombe remontera

28. La planète est plus petite qu'on le croyait

29. Accès à haut débit à Internet

30. L'échange de données favorise l'innovation

CHAPITRE VIII

2020-2021, covid – 19, le calvaire des nouveaux diplômés

Une étude intéressante a été faite par deux profs américains Hannes Schwandt et Till Von Wachter qui est intitulée : ''L'OMBRE PERMANENT D'UN DÉMARRAGE MALHEUREUX''. Cette étude démontre à quel point de nouveaux diplômés auront de la misère à entrer dans le monde du travail et faire carrière parce que plusieurs paramètres économiques dus au COVID – 19 ne leur réserve que de tristes nouvelles, bonne lecture : *''Pour les millions de jeunes dans le monde qui survivront à la pandémie, l'avenir leur réserve encore de bien tristes nouvelles. Non seulement la récession engendrée par la COVID-19 réservera aux nouveaux arrivants sur le marché du travail un début de carrière chaotique, mais elle les exposera aussi au risque de gagner moins d'argent pendant des décennies, de commettre davantage d'infractions, d'avoir une vie de famille moins satisfaisante, et peut-être même de mourir plus tôt que des demandeurs d'emploi plus chanceux. Telle est la sombre conclusion d'un corpus d'études en plein essor sur les effets à long terme d'une entrée sur le marché du travail en pleine récession. En analysant des décennies de données sur les récessions précédentes, les chercheurs ont obtenu une série de résultats peu encourageants pour les États-Unis, et des études de plus en plus nombreuses aboutissent à des résultats similaires pour les pays suivants : Canada, Allemagne, Royaume-Uni, Autriche, Espagne, Belgique, Norvège et Japon - Le calvaire des nouveaux diplômés du lycée et de l'université*

*commence à attirer l'attention des médias. Tessa Filipczyk, di-
plômée de 22 ans en juin dernier en science des milieux marins
et côtiers de l'université de Californie à Davis, a déclaré à
Bloomberg News qu'elle postulait pour des emplois en lien avec
la conservation des océans, la recherche sur la flore marine et
la défense de la lutte contre les changements climatiques. Elle
prévoyait de travailler un an avant de commencer un deuxième cycle universitaire. Aucune offre d'emploi ne s'est con-
crétisée et elle habite chez ses parents. « La COVID a simplement tout balayé sous le tapis », confie-t-elle. Jayden, jeune fille
de 17 ans interrogée par la revue The Atlantic, espérait avant
la pandémie apprendre la mécanique après sa sortie du lycée
dans l'Est de l'État du Missouri. Elle comptait trouver un poste
dans un atelier de réparation automobile, mais rien ne s'est
concrétisé et elle se retrouve à travailler dans un établissement
de restauration rapide.*

*« Je ne veux pas travailler toute ma vie dans la restauration
rapide, dit-elle, mais je ne veux pas non plus démissionner tant
que je n'ai pas un emploi plus en rapport avec ma carrière. »
Dans le cadre d'un projet récent, nous avons analysé les nouveaux arrivants sur le marché du travail au cours des épisodes
d'expansion et de récession sur une période de 40 ans, de 1976
à fin 2015, aux États-Unis. Notre travail a été partiellement
inspiré par nos observations d'amis ayant obtenu leurs di-
plômes plus ou moins à l'époque de la crise financière. Même
après plusieurs années, nous avons constaté une différence
considérable dans la qualité des emplois et la satisfaction au
travail entre ceux qui ont démarré sur le marché du travail
avant la crise et ceux qui sont arrivés alors que celle-ci faisait
rage - Les nouveaux venus sur le marché de travail en période*

de récession déclarent avoir moins confiance en eux, sont davantage susceptibles de boire et présentent des taux d'obésité plus élevés - À partir de nos constats, nous évaluons que les 6,8 millions de nouveaux venus environ sur le marché du travail américain à la recherche de leur premier poste à plein temps en 2020 pourraient renoncer à près de 400 milliards de dollars de revenus au cours des dix premières années de leur vie active. Cette projection repose sur une reprise économique rapide en 2021. Si la récession provoquée par la pandémie se poursuit ou s'aggrave l'an prochain, les diplômés de 2020 pourraient prendre d'autant plus de retard, et un autre groupe de nouveaux venus malchanceux aurait à faire face aux mêmes perspectives désastreuses en 2021. Alors que le monde s'empresse de mettre au point un vaccin efficace, les gouvernants qui réagissent à la crise économique provoquée par la pandémie doivent s'attaquer à l'impasse dans laquelle se trouve cette population. À court terme, une aide à la recherche d'emploi, des incitations au travail à temps partiel et des subventions salariales pour les employés récemment embauchés pourraient apporter des solutions. À moyen terme, des politiques de protection et de soutien doivent tenir compte des incidences durables, surtout pour ceux qui sont moins instruits. Il est en outre essentiel d'informer les jeunes travailleurs des impacts négatifs à long terme auxquels ils vont faire face, ainsi que leurs causes. Savoir que leurs difficultés ne sont probablement pas dues à un manque de compétence ou à un échec personnel peut inciter ceux qui sont employés dans des postes moins productifs à continuer de chercher d'autres opportunités et à accéder à de meilleurs emplois dès que l'économie repart. Les économistes ont approfondi leur compréhension du préjudice à long terme provoqué par le démarrage d'une carrière en pleine récession, depuis la crise financière il y a plus d'une dizaine d'années. Traditionnellement, ils ont considéré les cycles d'expansion et de ralentissement économiques comme des phénomènes temporaires. Mais des études sur de grandes séries de données transversales et longitudinales à l'échelle mondiale montrent que les ralentissements économiques ont des effets persistants sur ceux qui entrent sur le marché du travail en pleine récession. Ces effets à long terme ont été constatés chez les diplômés d'écoles de commerce (MBA), les docteurs en économie, les diplômés d'université en général, et en réalité chez la plupart des groupes étudiés aux États-Unis et dans d'autres pays, toutes catégories de population et de niveau éducatif confondues. - Ceux qui ont la malchance de débuter une carrière en pleine récession ont des revenus inférieurs durant 10 à 15 ans après l'obtention de leur diplôme ou au-delà. Les travailleurs de couleur et moins instruits connaissent de longs épisodes de chômage et d'aggravation temporaire de la pauvreté. Les travailleurs plus instruits acceptent des postes moins bien payés et s'en remettent partiellement en passant ensuite chez des employeurs offrant de meilleurs salaires. Selon ces études, ceux qui appartiennent à ce groupe sont plus susceptibles d'avoir moins confiance en eux, de commettre davantage d'infractions et d'être méfiants à l'égard des autorités. - On retrouve des tendances qualitativement similaires chez les hommes et les femmes, chez les populations blanches et de couleur, chez les décrocheurs et les diplômés du lycée et chez les diplômés d'université. Toutefois, les nouveaux venus plus vulnérables sur le marché du travail ont tendance à souffrir de retombées plus fortes. À titre d'exemple, alors que les diplômés d'université pâtissent d'une perte de revenu initiale d'environ 6 % à l'entrée sur le marché du travail en période de récession modérée, les lycéens décrocheurs subissent une réduction de revenu allant jusqu'à 15 % - Mais les effets d'un début de carrière en pleine récession ne se limitent pas aux revenus, aux salaires ou à la qualité du travail. Les chercheurs ont documenté aussi une longue série de répercussions économiques, sociales et même liées à la santé. Ces impacts sont susceptibles de se répercuter sur la productivité des travailleurs, aggravant les incidences initiales sur les revenus - Des revenus individuels plus faibles se traduisent par des revenus familiaux moins élevés, des taux d'accession à la propriété plus bas et, pour les débutants moins qualifiés, des taux de pauvreté plus élevés. Cette tendance se retrouve aussi dans les modes de rencontre : les nouveaux venus sur le marché du travail en pleine récession sont plus susceptibles de finir dans les bras d'un ou d'une partenaire faisant face à une baisse similaire de revenus en raison de la récession - Aux États-Unis, les programmes de protection sociale tels que le programme d'aide complémentaire à la nutrition (Supplemental Nutrition Assistance Program) et Medicaid semblent au moins atténuer un certain nombre de ces conséquences néfastes. Toutefois, les chercheurs ont constaté que les nouveaux venus sur le marché du travail en période de récession déclarent avoir moins confiance en eux, sont davantage susceptibles de boire à l'excès et présentent des taux d'obésité plus élevés. Si ces impacts sociaux et sanitaires se répercutent sur la productivité des travailleurs, des répercussions sur les résultats économiques pourraient aussi apparaître à long terme - Nous avons analysé les données du gouvernement américain issues des statistiques et des recensements nationaux (Vital Statistics System, Current Population Survey, American Community Survey et Decennial Census) en remontant jusqu'aux années 70. Nous voyons que les *effets négatifs sur les revenus de l'entrée sur le marché du travail ne disparaissent jamais complètement. Pour un travailleur d'âge moyen, ces pertes s'établissent à une baisse d'environ 1 % des revenus pour chaque point de pourcentage d'augmentation du taux de chômage lorsqu'il commence à travailler. Avec un taux de chômage au milieu de l'année 2020 autour de 10,5 %, ou plus élevé de 7 points de pourcentage que dans les mois précédant la crise, cela signifie que, lorsque les jeunes travailleurs d'aujourd'hui atteindront l'âge de 40 ans, ils gagneront 7 % de moins chaque année que s'ils étaient entrés sur le marché du travail l'année dernière - De façon plus spectaculaire encore, nous constatons que les taux de mortalité des entrants sur le marché de l'emploi en période de récession commencent à augmenter dès qu'ils atteignent la quarantaine, plus tôt que ceux des catégories plus chanceuses. Une augmentation de 3,9 points de pourcentage du taux de chômage à l'entrée sur le marché du travail (globalement l'expérience des entrants au moment de la récession de 1982) diminue l'espérance de vie de 5,9 à 8,9 mois. Pour le groupe des nouveaux venus en 2020 qui affrontent un taux de chômage presque deux fois supérieur, nous estimons que l'espérance de vie baissera de 1 à 1 an et demi - Même si l'incidence moyenne sur la mortalité est relativement modeste individuellement, elle peut être significative collectivement sur le plan économique, surtout au cours de fortes récessions, comme lors de la contraction provoquée par la COVID-19. Les effets à long terme sur la mortalité s'expliquent essentiellement par des facteurs liés à la maladie (maladies du cœur et du foie et cancer des poumons) qui peuvent être associés à une mauvaise hygiène de vie et au stress. Il y a également une incidence moindre sur les décès par surdose de stupéfiants, mais il n'y a aucune incidence en milieu de vie sur les*

suicides, les accidents mortels ou autres causes extérieures -
Ces impacts négatifs à long terme sur la santé des entrants sur
le marché du travail en période de récession s'accompagnent
d'autres conséquences sociales et sanitaires. Même si les
membres de cette catégorie s'avèrent plus susceptibles de se
marier et d'avoir des enfants tôt, les résultats au niveau de la
famille sont moins favorables à long terme. En milieu de vie,
nous observons une baisse des taux de mariage, une hausse des
taux de divorce et moins d'enfants. Les entrants en période de
récession présentent en outre un taux plus élevé d'incapacité
de travail et de recours à l'assurance-invalidité de la sécurité
sociale, et ils sont plus susceptibles d'être mariés à une personne qui perçoit des prestations d'invalidité - En conclusion,
entrer sur le marché du travail en période de récession est sy-
nonyme non seulement de pertes de revenus considérables à
court terme, mais aussi de vastes séquelles sociales et sanitaires qui ne cessent de nuire aux finances des ménages, à la
constitution de la famille et à la longévité. Le constat présenté
ici concerne les pays industrialisés, où les données nécessaires
à l'étude des conséquences à long terme d'un démarrage malheureux sont plus facilement disponibles. Toutefois, des cohortes moins chanceuses pourraient souffrir de sanctions encore plus fortes ou plus durables dans les pays à revenu plus
faible ou intermédiaire, où les jeunes présentent en outre un
risque accru de décrochage scolaire. Compte tenu de l'ampleur
sans précédent de la contraction économique due à la COVID-
19, il importe plus que jamais d'élaborer des politiques publiques et des stratégies individuelles pour atténuer les cica-
trices durables dont souffrent ces nouveaux venus sur le marché du travail"

En cette période de COVID-19, le gouvernement ne parle que de : santé mentale, d'investissements pour les entreprises qu'elles soient petites ou grandes, PassSanitaire, QR Code, fermeture des frontières, confinement ... Comme dit le dicton : " *La jeunesse est le fer de lance de la nation"*, mais le gouvernement a oublié cette jeunesse (*diplômés de 202*0) qui est sacrifiée et qui est laissée pour compte à cause de ce fameux coronavirus. Leur avenir est déjà compromis, disent tous les experts en économie.

Il faut que le gouvernement mette en place des politiques publiques pour cette jeunesse et avec un accompagnement pour le long terme. Malheureusement, notre gouvernement comme plusieurs dans le monde ne s'en préoccupe pas du tout. Il n'a aucun "plan Marshall" solide jusqu'à date pour cette jeunesse. Dans le contexte habituel et plus encore dans celui du coronavirus, je suis très au fait de la problématique des jeunes sur le Nouveau-Brunswick et c'est la raison pour laquelle je lance une plateforme intitulée " 1 Jeune, 1 Startup, 1 Solution" pour apprendre aux jeunes comment créer les startups et investir ici chez nous. Vous savez, la ''*Silicone Valley*'' est planétaire. Elle n'est pas seulement américaine, elle peut être partout mais il faut des visionnaires et des créateurs.

Le premier constat est de dire que les jeunes sont plus touchés par toutes les problématiques essentielles de notre société comme la précarité, le chômage, les problèmes de santé, l'accès à l'emploi.... Ces problématiques, malheureusement, se sont de plus en plus accentuées avec la crise. Les jeunes qui essayaient de trouver des jobs d'été, jobs dans leur domaine d'expertise ont du mal à signer un premier contrat afin de pallier leurs besoins financiers. Des alternances pour sortir de cette situation ont encore plus de mal à le faire. Je pense que les jeunes ne doivent pas être les grands perdants de la crise, car tout passe par eux

Et j'ai envie de dire que cette problématique date des décennies. J'invite le gouvernement à lire de façon méticuleuse avec minutie ce rapport sur ''L'OMBRE PERMANENT D'UN DÉMARRAGE MALHEUREUX'', pour comprendre les enjeux de demain et les défis qui attendent cette nouvelle main d'œuvre.

Gens assoiffés du pouvoir, politiques égoïstes et des diseurs de bonnes nouvelles etc. courtisent cette jeunesse à l'approche de chaque élection. Leurs mots sont : ''*Votez pour nous parce que sommes le seul parti qui pense à vous, qui vous représente, qui s'occupe de vous et qui résout vos problèmes*''... Je vais être un peu sarcastique parce que ça m'horripile quand j'entends ce genre de propos. Et c'est archi faux...posez des questions aux jeunes ils vous diront que ce n'est pas vrai. Et c'est une des raisons pour lesquelles ils ne votent plus parce que la classe politique n'a rien d'alléchant et elle ne convainc plus. Elle ment comme elle respire et tout semble croire qu'elle est honnête, malheureusement pas souvent. Cette classe politique ne dit jamais la vérité, elle promet toutes sortes de choses et elle fait toujours son contraire. En plus, il n'y a pas d'évolution dans le discours ni de vrais changements escomptés. Alors, pourquoi aller voter comme disait l'autre? - Sylvie Delaplace disait : ''*J'appartiens au parti des casaniers, le parti où l'on reste chez soi le jour des élections*'' Tous les partis ont le même récital. Six ans passés le parti libéral du Canada promettait à cette jeunesse de faire mieux

pour la lutte contre les changements climatiques, il avait promis d'atteindre les cibles demandées par l'accord de Paris
sur les changements climatiques. Malheureusement, nous
sommes encore à la case de départ. Le dernier rapport sur les
changements climatiques blâme le Canada qui n'a pas atteint
les cibles (GES) qui lui ont été demandées. Les autorités
s'amusent à fixer des chiffres de réduction des GES qui ne seront jamais atteints, parce que la lutte contre les changements climatiques a été politisée. Que les politiques laissent
la science, les climatologues ou les environnementalistes effectuer leur travail. Arrêtez de toujours court-circuiter leur
travail. Les politiques ne sont pas la science ou les climatologues. Chacun doit rester à sa place, mais ils peuvent travailler ensemble.

CHAPITRE IX
COMMENT RECRÉER LA RICHESSE POUR TOUS ?

Le Nouveau-Brunswick a besoin d'une thérapie de choc et l'un des ressorts de ces problèmes économiques est notre État. Depuis la nuit des temps, notre État est surendetté. Cette dette menace notre SOUVERAINETÉ et notre INDÉPENDANCE. Tous les gouvernements qui arrivent ou qui se succèdent essayent de soigner une vieille maladie (*le surendettement*) qui ne guérit jamais. Cette "maladie" qui a été diagnostiquée depuis fort longtemps par les experts en économie a eu des milliers traitements, malheureusement la personne morale qui est l'État reste toujours malade. Est-ce une maladie incurable ? Comment faire pour trouver le remède efficace ou le médicament adéquat afin de traiter le problème qui perdure? Pour quelles raisons nos gouvernements, qu'ils soient précédents ou actuels, n'arrivent pas à poser le bon diagnostic et à traiter cette maladie chronique une fois pour toute? La guérison viendra-t-elle de la population néo-brunswickoise? La réforme de l'État et la suppression des milliers de fonctionnaires peut-elle résoudre le problème ou est-ce qu'il faut d'autres alternatives? Faut-il relancer le travail et faire la différence entre celles et ceux qui travaillent et celles et ceux qui ne travaillent pas du tout? Est-ce que la dette est une variable d'ajustement ? La dette de la province n'est-elle pas des chèques en blanc pour nos futurs enfants? Nos gouvernements auront-ils besoin de courage politique pour faire des réformes escomptées et sortir de cette crise de surendettement ? Est-ce que notre fonction publique peut bien fonctionner avec moins de fonctionnaires? Faut-il faire la réforme de l'État contre les fonctionnaires ou avec eux? Est-ce qu'il faut un comité de la hache pour faire des réformes que ça plaise ou pas? Ne devons-nous pas créer une nouvelle économie qui serait conforme à nos valeurs? La forme d'économie du marché de notre province n'a-t-elle pas créé ou produit des personnalités égoïstes et qui sont attachées aux biens matériels et souvent fort éloignées des idéaux que nous défendons pour nous et pour les autres? La modernisation de l'outil industriel doit-elle devenir un choix stratégique de relance économique ? Devons-nous faire de la réindustrialisation une opportunité pour l'usine du futur? Comment réparer notre système économique? Notre apparente prospérité n'a-t-elle pas été construite sur un château de cartes voire une montagne de dettes? Notre province ne vit-elle pas du passé et n'investit pas dans l'avenir? Notre province est-elle sous perfusion économique? Sommes-nous prêts à innover en créant de nouveaux produits et qui rapportent de gros profits mais pour peu de temps ? Je reste optimiste et je crois qu'un autre monde est possible.

Notre situation actuelle est la conséquence prévisible de mauvais choix effectués dans le passé, et nous pouvons en faire d'autres qui améliorent des choses. Notre économie depuis la nuit des temps a été encalminée, parce qu'elle manque de vent pour son redémarrage. Vous savez, nos inégalités économiques se traduisent aussi en inégalités politiques et communautaires. Tous les échecs économiques que nous avons subis ont des effets sur notre système politique jusqu'à aujourd'hui. Et si nous ne changeons pas de cap, la poursuite des tendances actuelles: l'économie, la démocratie et la politique iront davantage de mal en pis.

De quoi souffre notre province ? À la fois des excès de dépenses comme ce fut le cas du gouvernement précédent. Ce gouvernement qui avait cramé l'argent des contribuables et par ricochet nous avons eu une dette qui n'arrivait pas à se souffler et qui avait été augmenté par le gouvernement passé selon la vérificatrice générale de l'époque madame Kim MacPherson.

À l'époque, la vérificatrice générale, Kim MacPherson, avait déposé un rapport. Et dans son rapport elle disait ceci : *'' l'État des finances de la province demeure préoccupant...les dépenses avaient dépassées les revenus. La dette nette du Nouveau-Brunswick a atteint maintenant un nouveau sommet historique, soit 14 milliards de dollars. Il s'agit de 18 300 $ par habitant, soit une somme plus élevée que dans des provinces comparables : la Nouvelle-Écosse et la Saskatchewan.... L'augmentation de la dette est d'autant plus préoccupante, juge Mme MacPherson, que le gouvernement provincial n'a pas de plan pour s'y attaquer. Elle encourage le gouvernement Higgs à établir des cibles pour atteindre l'équilibre budgétaire et réduire la dette nette, à défaut de quoi la province risque de ne pas être en mesure, écrit-elle, d'offrir au même niveau des services considérés comme essentiels, en santé, en éducation et en matière d'infrastructures.''*

La question est celle-ci : Où en sommes – nous aujourd'hui? L'effacement de la dette c'est pour quand ? Selon l'économiste Pierre Marcel Desjardins *''La dette de la province reste importante, elle devrait atteindre 13,9 milliards de dollars, ce qui représente une augmentation de 209,9 millions de dollars".*

Vous savez, la dette publique nous paralyse et qui conduit à avoir une dette qui devient insupportable. Pour régler cette situation, il faut du courage, de la force, de l'audace et réduire les dépenses publiques. Nous détenons le triste record de la province la plus endettée au Canada. Il ne faut plus arriver devant les néo brunswickois avec 14 milliards de dette et ne proposer que de nouvelles dépenses. Il faut qu'on dise aux citoyens où on va faire des économies et c'est aussi ça être responsable voire honnête. Il faut cesser de jouer au jeu de cache-cache, les citoyens n'en veulent plus. Les politiques doivent cesser de narguer les citoyens. En politique être transparent c'est avoir du respect pour celles et ceux qui payent les impôts et qui nous votent, ne rien cacher, être hon-nête...Le citoyen qui vote déteste les "politiques cachots" il veut votre honnêteté et c'est aussi simple que bonjour.

Nous devons cesser d'être des marchepieds, être le dindon de la farce, des valets du système, ce qui veut dire que nous devons expurger de nos cœurs l'esprit de soumission que nous impose ce système. Il nous faut un homme d'État incor-ruptible, qui écoute le peuple et qui croit à la grandeur de notre province et de sa souveraineté. Ensuite, qui a une vi-sion honnête et vraie pour son peuple...un homme d'action qui parle moins et agit. Cet homme qui a l'esprit de respon-sabilité et donne espoir. Enfin, cet homme qui va défendre nos principes et valeurs pour ce que nous sommes.

Il faut retrouver notre souveraineté en assumant sans au-cune peur et sans ambages comme : horizon, défense, vertu, protection etc. Un peuple souverain est un peuple libre et qui ne se laisse pas manger par cette minorité invisible qui contrôle l'appareil de l'État depuis la nuit des temps. Pour que cela arrive il nous faut une thérapeutique de choc qui passe par la prise de conscience et le questionnement. Il faut que nous posions de vraies questions et j'allais dire de bonnes questions afin d'apporter des changements avec l'aide du peuple.

L'espoir n'existe plus, il n'y a personne qui croit encore à la démocratie parce qu'elle est de plus en plus bafouée, piétinée sur la place publique. Ensuite, elle est devenue un scandale encombrant pour les élites au pouvoir..., et le taux d'abstention aux différentes élections qu'elles soient municipales, provinciales, fédérales en dit beaucoup. Les citoyens sont tannés de se faire malmener par des politiques qui disent des choses et son contraire...Ils sont fatigués de voir la même gang qui garde le pouvoir et ne le partage pas. Ils sont fatigués de voir les mêmes noms sur les affiches de campagnes électorales, ils sont fatigués des contenus aux discours vides, ils sont fatigués de voir que les votes sont souvent achetés par l'argent des contribuables sur la base des annonces électoralistes, ils sont fatigués de la mauvaise gestion financière pour ce qui a trait à l'argent des contribuables, ils sont fatigués de voir les jeunes qui majoritairement sont les laissés-pour-compte et leur avenir est déjà compromis, ils sont fatigués de voir que le politiques ne prennent pas au sérieux la crise climatique, ils sont fatigués. Ils sont fatigués etc.

Comme peuple, je pense qu'il faut réhabiliter notre plus grande NOTION CARDINALE celle de la souveraineté ce qui veut dire que chaque citoyen doit être doté d'un ''kit'' de survie nationale que j'appelle : Courage, Patriotisme, Cœur.

CHAPITRE X
BAISSE DE LA FISCALITÉ - POUVOIR D'ACHAT

Les contribuables néo-brunswickois subissent une pression fiscale de plus en plus forte qui conduit à des dégâts considérables sur l'économie et l'état d'esprit des ménages comme l'ont reconnu plusieurs économistes. Il faut restituer aux néo-brunswickois le fruit de leur travail et de leurs économies et cesser de les décourager de vivre et d'entreprendre. Au regard de l'impôt sur le revenu, la meilleure solution n'est pas de continuer à faire du replâtrage et de créer de nouvelles niches, mais plutôt de transformer complètement la physionomie de l'impôt pour le rendre plus juste.

Alors, Je propose la *flat tax* ou impôt proportionnel qui est une solution intelligente et efficace pour répondre à ce défi, le défi de l'endettement. La flat tax est un système fiscal simple, neutre, transparent, efficient, un régime qui évite les distorsions de concurrence et les discriminations. La flat tax est un taux d'imposition unique, bas, ''fair'', qui frappe les revenus une seule fois, évite donc la double taxation, et qui est aussi proche que possible de la source.

L'introduction d'une *flat tax* représenterait un véritable choc de simplification qui renforcerait l'égalité horizontale entre les contribuables, avec un seul taux d'imposition sur le revenu à 15 %. Néanmoins, comme expliqué précédemment, vous savez bien que seule la moitié des contribuables acquittent réellement l'impôt sur le revenu. Aussi pour tenir compte du contexte actuel et éviter une imposition forte des foyers fiscaux qui ne payent aujourd'hui aucun impôt sur le revenu, il paraît souhaitable de conserver deux tranches d'impôt. Une première tranche, très faible, pour les foyers s'acquittant pas l'impôt sur le revenu dans le système actuel ; puis une seconde tranche pour les revenus plus élevés. L'impôt conserverait donc une certaine progressivité.

Il faut offrir le taux unique le plus bas pour les entreprises. C'est une bonne stratégie afin d'attirer plus d'investisseurs chez nous ce qui signifie plus de création d'emplois pour le long terme. L'exemple de l'Estonie est très éducative. Ce petit pays de l'Est de l'Europe a adopté la flat tax en 1994 avant d'abolir l'imposition du revenu des entreprises et finalement d'abaisser le taux à 22% pour les personnes physiques. Le taux de croissance économique est durablement resté à 10% et il s'est même élevé à 12% ces deux dernières années.

Mart Laar a ainsi pu déclarer que : *"Le budget estonien comporte trop de recettes fiscales. Le parlement a pris ses responsabilités et décidé de laisser aux contribuables une plus grande partie du fruit de leur travail en abaissant le taux à 18% dès 2011"*

Selon Natasha Srdoc, Cofondatrice et présidente de l'Adriatic Institute for Public Policy : *"L'argument en faveur d'un taux d'imposition unique ne s'arrête pas à la promesse d'investissements directs. La flat tax porte en elle une promesse de libération des forces de croissance économique. Elle sort quantité d'activités hors de leur zone grise et les ramène au sein du marché officiel, simplifie l'administration fiscale, accroît l'activité économique, améliore la présentation honnête des revenus. Elle réduit donc l'évasion fiscale. Les résultats dé-*

montrent l'importance de la politique fiscale en tant qu'instrument de croissance économique. En effet, tous les pays qui ont adopté la flat tax témoignent d'une augmentation des revenus fiscaux dès la première année d'application''

Le *Wall Street Journal* l'écrivait récemment dans son éditorial (30.7), ''*la seule observation de leurs trains de marchandises permet aux Européens de l'Ouest de constater le succès de leurs voisins avec leur taux d'imposition unique et bas. Au premier trimestre de cette année, trois pays de l'euro zone, à savoir la France, l'Italie et l'Allemagne, ont vendu davantage de produits aux 11 pays d'Europe centrale et orientale qu'aux États-Unis. La vieille Europe a de nouveaux clients en grande partie parce que la Nouvelle Europe a adopté une bonne politique fiscale. Les deux seraient plus riches si l'Ouest prenait la flat tax plus au sérieux*''

Dr Dan Mitchell, du Cato Institute dit : « *La flat tax se débarrasse de toutes les déductions, les vides juridiques, les crédits et exemptions. Les politiciens perdraient toute capacité à définir les gagnants et les perdants, à récompenser leurs amis et à punir leurs ennemis et à utiliser le code fiscal pour imposer leurs valeurs à l'économie. Non seulement elle marque la fin d'une source majeure de corruption, mais elle soutient la croissance parce que les entreprises ne gaspillent plus leurs ressources en travail de lobbying auprès des politiciens. Elles ne prennent plus de bêtes décisions d'investissements qui ne servent qu'à obtenir un traitement fiscal plus favorable.* »

En conclusion, les investisseurs seront attirés vers notre province parce que nous avons un faible taux d'imposition et un système fiscal simple et transparent et ils n'iront pas vers des provinces qui auront des taux élevés d'imposition, compliqués et non transparents.

Vous savez, la prospérité d'un pays exige de fortes dépenses publiques dans les infrastructures, l'éducation, la technologie, la protection sociale parce qu'un État a besoin de recettes afin de financer de façon durable ces dépenses. Comme exemple, les progrès économiques financés par l'État peuvent contribuer à soutenir l'investissement privé selon certains grands économistes. Une main d'œuvre bien instruite et de bonnes infrastructures attirent les investisseurs et la faiblesse des investissements dans le capital humain au sein de notre province a un faible niveau de vie. En plus, le taux de croissance de la productivité de la province est de plus en plus bas lorsqu'on le compare aux autres provinces. Il y a de plus en plus de pauvres qui vivent dans les conditions de pauvreté extrême. Notre province ne brille pas pour la croissance, elle bat tous les records pour des inégalités qui ne cessent d'accroître. Je parle ici des inégalités des revenus, et celle des chances qui fait aussi partie du peloton de tête. Tout ceci contredit notre identité traditionnelle qui a pour but de donner la possibilité à tous citoyens de faire fortune.

Les travailleurs de notre province reçoivent une moindre part de la tarte qui grandit plus lentement et c'est tellement petit au point où leurs revenus stagnent. Cependant, les plus riches de la province ont accaparé une part toujours et encore plus large du gâteau de la province et ce qui n'est pas juste. Les riches nous disent toujours que la population allait profiter des richesses prodiguées au sommet et qu'enfin les bénéfices allaient ruisseler vers le bas. Malheureusement, ce phénomène ne s'est jamais matérialisé depuis la création de cette province. Le mécontentement continue à atteindre son paroxysme et nous venons justement de vivre une petite grève du Syndicat canadien de la fonction publique (SCFP) qui a paralysé la province parce que les revendications qui ont été faites par les travailleurs de certains locaux syndiqués ne furent pas répondues. Le mécontentement est vif au sein de la population. Le citoyen lambda ne vit plus mais survit. À la base de notre pyramide sociale c'est encore pire et dégoûtant. Le grand fossé qui sépare les riches et pauvres est insoutenable et je pense que pour le long terme même les riches ont intérêt à une répartition plus équitable du revenu. Je crois que le problème d'inégalité dans notre province est le dilemme le plus urgent. Nous avons énormément perdu des milliers de personnes qui sont allées vivre dans d'autres provinces que de rester chez nous en l'occurrence les immigrants qui font face à des inégalités qui sont liées à la race, à la langue, à la couleur de la peau etc. Je ne pense pas qu'on puisse développer une économie solide et prospère si on ne s'attaque pas aussi à cette discrimination parfois brutale. Il faut s'attaquer aussi à des exclusions qui sont liées au marché du travail.

Nous avons aussi une discrimination systématique entre les populations les plus nantis et les moins nantis parce qu'elles sont été mal éduquées, mal logées et parfois privées d'opportunités économiques. Une personne qui gagne $12.00/heure comment cette personne peut-elle vivre alors que le coût de la vie ne cesse d'augmenter. Le panier d'épicerie ne cesse d'augmenter et les salaires sont toujours bas. À la pompe, le litre de carburant régulier au moment où j'écris cette note coûte $2.16 ce n'est pas juste pour des milliers de citoyens qui n'ont pas assez de moyens pour vivre. Je trouve ça aberrant et injuste de la part de nos politiques qui ne sont pas capables de voter des lois afin de limiter cette montée des prix à la pompe.

Le déclassement social provoque un appauvrissement généralisé des classes moyennes de notre province ce qu'on peut aussi appeler une tiers-mondialisation de notre société. Les pauvres on les trouve partout même dans les zones les plus reculées. J'ai eu la chance de voyager et de visiter la province et je vous avoue que c'est amèrement triste de voir parfois des familles qui vivent avec moins de dix dollars par jour. Qui aurait cru voir de telles choses dans un monde industrialisé et capitaliste. On est où là comme disait l'autre? Les inégalités prennent des proportions vertigineuses. Des centaines de millions de personnes vivent dans une situation de pauvreté extrême alors que des récompenses astronomiques sont octroyées aux grandes fortunes. Le nombre de milliardaires n'a jamais été aussi élevé, et leur richesse atteint aujourd'hui un niveau record. En parallèle, les personnes démunies le sont de plus en plus

Beaucoup de gouvernements alimentent cette crise des inégalités. Les multinationales et les grandes fortunes sont sous-imposées, alors que les services publics essentiels, tels que la santé et l'éducation, souffrent d'un manque criant de financement. Ce sont les plus pauvres qui paient le prix de ces politiques. Le coût humain est considérable, et ce sont les femmes et les filles qui en souffrent le plus. Malgré leur énorme contribution à nos sociétés par le biais de leur travail de soin non rémunéré, elles comptent parmi les personnes qui bénéficient le moins du système économique actuel.

La fortune des 87 familles les plus riches du Canada serait 4400 fois plus élevée que celle des familles canadiennes moyennes, indique une étude publiée par le Centre canadien de politiques alternatives. Cela représente 10 milliards de dollars de moins que la valeur collective de tous ceux qui habitent les provinces des Maritimes. Leur richesse égale celle de 12 millions de Canadiens regroupés.

Notre économie, n'a pas fait accroître le niveau de vie de la grande majorité des citoyens de la province. Voici les trois choses qui sont étroitement liées : La faiblesse de la croissance, la stagnation des revenus et la montée des inégalités frappe l'œil et c'est la raison pour laquelle nous sommes encore une province pauvre. Franchement c'est inacceptable en 2022 et nous avons sacrifié la plus grande de notre ressource : les talents de nos jeunes. Joseph E. Stiglitz, est un économiste américain, lauréat du prix dit Nobel d'économie en 2001 écrit : ''*Vous savez sous Ronald Reagan la droite a restructuré les marchés pour les mettre au service des ultra riches. Mais elle a commis quatre erreurs capitales : elle n'a pas compris les effets délétères d'une inégalité toujours grande; elle n'a pas compris l'importance de penser pour le long terme, elle n'a pas compris la nécessité de l'action collective – le rôle majeur que doit jouer l'État dans la création d'une croissance équitable et durable; elle n'a pas compris l'importance de la connaissance*''.

Je pense sincèrement que la droitisation de l'économie n'est pas forcément une mauvaise chose, mais elle éloigne de nous deux vertus cardinales : l'humanisme et l'altruisme. Elle donne plus de pouvoir aux chefs d'entreprises d'agrandir des ''douves'' autour de leurs entreprises qui sont infranchissables et ainsi ils pourront être capables d'acquérir plus de pouvoir dont ils se servent pour exploiter une certaine couche de la population et par ricochet ils font accroître des profits colossaux. Ces profits colossaux, sont aussi la racine des maux que vit l'Occident actuellement comme la crise des gilets jaunes en France etc. Certains de ces chefs d'entreprises ne sont pas en amour avec la concurrence. Peter Thiel, l'un des plus grands entrepreneurs de la Silicon Valley, farouche opposant de la concurrence disait ceci : *''La concurrence c'est pour les perdants''*. Derrière son idée se cache : ...pas de concurrence et pas d'innovation colossale dans *''mon domaine''*. Je suis le seul patron de ce domaine et je ne laisserai personne être au-dessus de moi et je dois tout coiffer que ça plaise ou pas ! Je suis un supramonde économiste.... Je nomme cette attitude la gourmandise égocentrique.

Quand la compagnie en détail Wal-Mart s'installe dans une région, elle fait tout pour écraser les plus petits. Sa méthode consiste à racheter des concurrents potentiels avant qu'ils n'aient pu devenir une menace. Quant aux jeunes entrepreneurs, ils sont prêts à vendre souvent pour une somme colossale qui dépasse leur imagination que de se mettre à dos contre le ou les géants au pied de l'argile qu'on nomme aujourd'hui des GAFAM (Google, Amazon, Facebook, Apple et Microsoft). Elle achète tous concurrents pour garder le monopole. Là aussi, une autre manière de mettre des ''douves''. Je pense que nous devons combattre les excès du pouvoir de marché partout où ils existent sur notre territoire. Il faut une concurrence loyale dans l'économie et non celle qui est déloyale. Ce qui viole le pouvoir du marché violent les lois antitrust. Nous avons besoin d'une économie équilibrée et qui fait de la concurrence sinon les plus forts vont davantage accaparer toutes les richesses de la terre. Une économie équilibrée nous évite des crises comme celle qui a été vécue par les

Français il y a de cela trois ans (*la crise des gilets jaunes*). Elle a démontré les inégalités qui existent entre celles et ceux qui détiennent les plus grosses fortunes et celles et ceux qui mangent les miettes qui tombent sous la table.

Selon l'économiste américain Stiglitz, Joseph E : *''Pour qu'une croissance soit rapide, il faut que le progrès des connaissances soit capital et la recherche fondamentale qui les sous-tend doit être financée par l'État''*.

CHAPITRE XI
SOUVERAINETÉ ET LA RÉFORME DES INSTITUTIONS

Restaurer la démocratie

Le Nouveau-Brunswick a été conçu en tant que démocratie représentative. Nos institutions démocratiques ont pris dans le passé des décisions fortes et bonnes pour le bien du peuple : celles d'inclure dans le système des mécanismes forts de contrôles et de contre-pouvoirs. En plus de la déclaration des droits, afin de garantir que les droits de la minorité seraient toujours protégés par la majorité. Malheureusement, nous voyons le contraire de ce qui se fait au grand jour, manifestement c'est toujours une minorité qui exerce le pouvoir sur la majorité depuis la nuit des temps. A maintes reprises nous avons élu des premiers ministres et leurs députés qui sont entrés en fonction alors qu'ils étaient minoritaires en voix. Par exemple, aux élections de 2018, le parti progressiste conservateur au Nouveau-Brunswick n'a pas eu plus de voix que le parti libéral, alors qu'il avait obtenu 121 300 de voix de moins que les libéraux de Brian Gallant 143 791 de voix. Même scénario du côté du fédéral, là aussi nous avons vécu la même chose pour l'élection fédérale précédente de 2021. Le parti conservateur qui fut dirigé par Erin O'Toole a eu 5 747 384 de voix plus que le parti libéral de Justin Trudeau 5 556 565 de voix.

Le précédent gouvernement libéral au Nouveau-Brunswick avait coupé à la hache quelques circonscriptions pour la chambre législative afin gagner haut la main les élections et rester au pouvoir. La raison de charcutage des circonscriptions, par exemple, garantit que certaines voix pèseront. Et c'est la tactique machiavélique des politiques qui veulent accaparer le pouvoir en utilisant des méthodes subtiles pour obtenir le vote d'électeurs naïfs. Alors qu'un des rôles de cette chambre est de refléter de très près la population. Vous savez, nos institutions démocratiques ont été à l'avant-garde dans le monde afin de créer une démocratie et des institutions démocratiques modernes. Nous sommes à la traîne aujourd'hui et c'est une honte, personne ne veut plus nous écouter. Nous, donneurs de leçon, avons de la misère à nous faire écouter. Nous ne reflétons plus la réalité : la majorité du peuple ne soutient plus nos gouvernements. Cette domination de la majorité par la minorité est nettement antidémocratique. Elle a découragé les électeurs et affaibli la légitimité du gouvernement au sein de sa nation. Lutter contre les changements climatiques, travailler ensemble comme partis politiques, augmenter davantage le salaire minimum, investir massivement dans la ruralité, réindustrialiser nos villes et campagnes, garder les services publiques et les hôpitaux proches des populations, rétablir l'escalier social, plus d'argent dans les portes monnaies des citoyens, redonner vie à nos hôpitaux par des investissements massifs et le recrutement du personnel soignant etc. les néo-brunswickois sont pour, à de larges majorités. Pourtant, impossible de régler ces questions entre les élus.

Quand un gouvernement vous annonce une réduction d'impôt, l'opinion jouit d'un soutien qui est majoritairement acquis et écrasant. Aujourd'hui, les citoyens ne sont plus dupes. Ils ont bien compris quand on parle de la réduction d'impôts c'est pour les riches aux frais de toutes les autres classes : classe pauvre, classe moyenne et la prochaine géné-ration. Cette loi suscite majoritairement dans l'opinion un sentiment de trahison et un goût amer – la plus défavorable quant aux réductions d'impôts.

On le voit toujours plus clairement : l'objectif des partis politiques qui préconisent ce modèle est une domination permanente de la minorité sur la majorité. C'est pour lui un impératif, car les politiques qu'ils défendent – de la fiscalité régressive (*celle qui impose les riches à des taux plus faibles que les autres*) aux efforts pour rétrécir pour réduire l'État en général – sont un clou dans la chaussure pour la majorité des électeurs. Les électeurs détestent ces méthodes et ne votent pas pour ces partis politiques. Ils veulent une solidarité nationale mais pas à géométrie variable.

En faisant la rétrospection sur tout ce que ces partis politiques confondus ont déjà fait pour mettre en œuvre ce programme, nous aurons une image nette des réformes politiques dont notre province a besoin, et qui sont des prérequis pour les réformes économiques durables. Trois objectifs cruciaux : 1) assurer l'équité des élections, 2) maintenir un système efficace de contrôles et de contre-pouvoirs au sein de l'État, 3) réduire le pouvoir de l'argent en politique.

S'il y a eu les réformes du droit électoral et le processus politique - Un système conçu pour protéger les droits de la minorité a été perverti. Dans une démocratie équitable, il est important de protéger les droits de la minorité. Mais il est important aussi de protéger ceux de la majorité. L'effort pour permettre à la volonté politique de la minorité de l'emporter sur celle de la majorité commence par le contrôle du vote -

En démocratie la minorité est reconnue, est acceptée, n'est pas exterminée, ni écrasée, elle a des droits.

Notre province est une des rares provinces où les élections n'ont pas lieu le dimanche et c'est le jour où la majorité de citoyennes ou citoyens ne bossent pas. Je trouve que le système électoral est injuste. Je pense qu'il est temps de faire des réformes pour faire la différence. Voici quelques propositions de réformes :

(1) voter le dimanche (*ou par correspondance, ou déclarer férié le jour du scrutin*); (2) mettre à l'amende les électeurs qui ne votent pas, comme le fait l'Australie; (3) faciliter les inscriptions sur les listes électorales; (4) mettre fin au charcutage des circonscriptions. Ces réformes reposent sur un principe simple : tout citoyen canadien doit voter et chaque voix doit avoir le même poids. Notre province a un pourcentage désespérément faible de citoyens qui votent. Ces différentes mesures changeraient cette situation. Elles réduisent aussi le pouvoir de l'argent. Je suis convaincu qu'avec plus de participation, on peut espérer un gouvernement plus représentatif. Voter est un droit et un devoir civique, voter est un acte de vertu civique, voter c'est affirmer votre place dans la société, voter c'est agir, voter est une manière de prendre la parole et de se faire entendre. Ne pas voter est une sorte de vote et cela influencera le résultat du vote etc. Nous savons que participer à un scrutin a, un coût en temps - souvent ressenti le plus vivement par les simples travailleurs.

L'objectif premier de la démocratie est de faire en sorte qu'aucun personnage ni aucun groupe n'aura un pouvoir excessif, parce qu'un pouvoir excessif est trop souvent utilisé abusivement. Et comme le dit si bien la célèbre formule de

Lord Acton, cet historien anglais du XIXe siècle : *"Le pouvoir corrompt, le pouvoir absolu corrompt absolument"*[40], et parce que tous les êtres humains et toutes les institutions sont faillibles. Un système de contrôles et de contre-pouvoirs est essentiel pour prévenir les abus de pouvoir.

Vous savez comme moi que, les relations entre argent et politique ont toujours été problématiques depuis la naissance de la démocratie et leurs rapports sont le plus souvent présentés comme antagonistes. En politique, le pouvoir croissant de l'argent est le pire défaut, peut-être, de notre système politique – nous connaissons les composantes de cette connexion dégoûtante et parfois malhonnête entre argent et politique, les portes tournantes, la collusion de la presse (*médias contrôlés par les riches*), les lobbyistes, les contributions de campagne, de la finance et de la politique ont créé une fourmilière où l'on trafique et, l'affairisme en politique est devenu la norme. Les oligarques, les grandes fortunes et les industriels prospères usent de leur pouvoir financier pour acheter du pouvoir politique et pour diffuser leurs idées, parfois ce sont des "Fake news". Ces grosses fortunes utilisent leur argent pour en engranger encore plus par le biais du système politique. Elles ont menotté et muselé pour la plupart des politiques, car ils sont sous leurs bottes. La plupart de ces grandes fortunes ou compagnies volent bel et bien les citoyens néo-brunswickois - mais c'est un vol qui passe presque inaperçu : peu de citoyens savent qu'on leur fait les poches. La plupart de ces grandes compagnies souspaient à l'État des ressources publiques; en face, l'État surpaie ses achats au secteur privé. Qu'est-ce que cela présage

---

[40] https://www.libres.org/actualite/652-le-pouvoir-absolu-corrompt-absolument-.html

de notre système politique, mais aussi certains des plus gros donateurs de contributions politiques, notamment de nos deux vieux grands partis, ce sont des gens qui ont fait fortune..., tristement célèbres pour leur rôle dans le blanchiment d'argent, d'autres activités illicites? Ils savent que leur sort dépend de l'indulgence des pouvoirs publics. Si l'État prenait une position trop agressive sur le blanchiment, c'en serait fini de leur bonne fortune. C'est la raison pour laquelle il existe plusieurs sociétés écrans dans le monde: *"Souvent assimilée à une société "off-shore", une société écran a pour objectif de dissimuler l'identité de son véritable détenteur grâce à l'utilisation d'un prête-nom et/ou en libellant son capital en actions au porteur ne permettant pas d'identifier les détenteurs - La plupart de ces boîtes postales sont domiciliées dans des "juridictions fiscales non coopératives", c'est-à-dire des paradis fiscaux, comme la Barbade, le Belize, les Bermudes, ou encore les, Fidji, Vanuatu, etc."* Selon Radio Canada : *"Des millions en fonds douteux circulent derrière des paravents canadiens. Selon une fuite de documents secrets analysés par Enquête, des provinces canadiennes, dont le Nouveau-Brunswick et l'Alberta, sont devenues des paravents de choix pour des étrangers malintentionnés en raison de l'anonymat qu'elles procurent aux propriétaires de sociétés"*[41].

" Le Nouveau-Brunswick est populaire auprès des étrangers qui veulent obtenir une société-écran canadienne, car ses lois ne requièrent pas la présence d'administrateurs au Canada. Des sociétés étrangères établissent des entreprises au Nouveau-Brunswick sans avoir à fournir le nom des propriétaires.

---

[41] https://ici.radio-canada.ca/nouvelle/1736203/societes-ecrans-canada-nouveau-brunswick-alberta-chalutier-fincen-files

Par exemple, une société russe possède une société-écran à Saint-Jean"[42]

Georg Simmel disait : *"Rien ne facilite et ne développe davantage les comportements corruptibles et la réalité de la corruption dans son ensemble que la forme argent de celle-ci. Foncièrement, l'argent favorise comme nulle autre valeur les changements de propriétés occultes, hors de vue et sans bruit. Comprimable, il permet de rendre quiconque riche, d'un simple morceau de papier glissé dans une main ; amorphe et abstrait, il s'investit dans les valeurs les plus diverses, les plus lointaines, et se soustrait aux regards de l'entourage immédiat. [...] Alors que, d'un côté, la faculté d'exprimer en argent toutes les valeurs fournit à l'acteur économique la vue la plus claire et la moins voilée sur l'état de ses biens, de l'autre elle permet de dissimuler devant autrui, jusqu'à l'inconnaissable, la richesse des transactions, à un degré où les formes de la propriété extensive ne l'ont jamais admis"* - (Simmel, 1987 [1900], p. 485).

Il faut faire davantage pour limiter le pouvoir l'influence de l'argent, en même temps nous devons aussi réduire les inégalités de fortune. Sinon, nous ne parviendrons jamais à juguler comme il convient le pouvoir de l'argent en politique.

---

[42] https://ici.radio-canada.ca/nouvelle/1736673/societe-ecran-paravent-nouveau-brunswick-loi-finance

CONCLUSION

La province va très mal depuis 50 ans, elle périclite et elle va à vau-l'eau. Notre hôpital est au bord de l'implosion et elle craque de tous les côtés. Il y a un vrai risque majeur pour la sécurité de nos patients au point où les médecins sont préoccupés par les attentes qui sont longues et les mauvais résultats se succèdent quotidiennement. Le personnel soignant est surmené et parfois désabusé. Certains ont déjà rendu leurs blouses et jetés les gants, plusieurs dépriment et ont des tendances suicidaires. Les premiers à souffrir de cet état d'engorgement total des services d'urgences sont les personnels soignants. Plusieurs postes restent vacants. Le corps hospitalier qui est resté ne supporte plus les contraintes liées à un surplus de travail dû aux départs des uns dont les postes ne sont pas pourvus par d'autres. Mourir sur un brancard, dans un couloir d'hôpital comme ça été le cas à l'Hôpital régional Dr Everett Chalmers de Fredericton, sans avoir été examiné par un médecin : du jamais vu! Ce cauchemar, la famille de John Staples l'a vécu, où il avait été emmené par un résident dont il est responsable à l'établissement de soins où il travaille. Et ça ne s'arrête pas qu'aux urgences. De nombreux services hospitaliers se retrouvent sous pression, pris entre le manque de personnel et de moyens, et la course à la rentabilité.

Nos collectivités locales sont abandonnées et les plus vulnérables en souffrent énormément. Ces collectivités ont besoin d'autonomie, malheureusement la décentralisation a dérapé, dérivé, qu'elle ne tient pas ses promesses. Il faut une vraie décentralisation afin de redonner les moyens solides à nos territoires. Ensuite, il faut des incitations fiscales pour s'installer dans les régions rurales et la construction d'infrastructures numériques ou de transport ce qui veut dire lancer un grand plan d'investissements en infrastructures. Je pense que nos collectivités ont la capacité à disposer d'elles-mêmes et ce n'est pas aux ministres, élus, maires et conseillers de dire aux collectivités quel projet local doit se développer. Il faut inverser la dynamique et ça la décentralisation.

Quant à l'éducation, elle s'effondre au point où elle ne promeut plus de mérite et une inflation, désastreuse, piteuse et calamiteuse qui annonce la détresse économique des citoyens des classes moyennes et des retraités. Le litre d'essence est $2.20, les taux d'intérêts qui augmentent et l'inflation a passé la barre de 8.1% au mois de juin 2022, mais seuls les salaires n'augmentent pas. La taxation du carburant c'est le plus injuste des impôts selon plusieurs économistes parce que c'est l'impôt qui vise directement et exclusivement ce Nouveau-Brunswick qui se lève tôt pour travail, qui se couche tard et qui ne s'en sort plus. Qu'il n'y ait pas un Nouveau-Brunswick de la partisannerie politique, des anglophones ou francophones, des riches ou des pauvres mais un seul Nouveau-Brunswick. Qu'il n'y ait pas un Nouveau-Brunswick des partis politiques : le parti conservateur, le parti vert, le parti libéral, le parti néo-démocrate mais un seul Nouveau-Brunswick. Qu'il n'y ait pas un Nouveau-Brunswick des villes ou des collectivités locales mais un seul Nouveau-Brunswick. Qu'il n'y ait pas un Nouveau-Brunswick centralisé depuis Fredericton mais un seul Nouveau- Brunswick décentralisé...Le Nouveau-Brunswick doit rester le Nouveau-Brunswick.

Le Nouveau-Brunswick donne l'impression d'être au fait des enjeux du changement climatique et des solutions pour le contrer, mais ce n'est pas vrai parce que les faits le démontrent - La lutte contre les changements climatiques n'est pas la priorité du gouvernement - La planification écologique est autant une vision du futur qu'un exercice du présent, alors la lutte contre les changements climatiques doit devenir une cause provinciale et nationale.

La crise économique et la crise écologique produisent précarité, pauvreté, migrations, insécurités alimentaire et énergétique, etc. Le capitalisme et ses corolaires - le productivisme et le consumérisme sont les logiques qui organisent le monde et le mènent au déséquilibre. Les pollutions sont à l'origine d'une surmortalité et du dérèglement climatique, les traités de libre-échange engendrent migrations économiques et climatiques. L'État doit organiser un aiguillage écologique et Jean-Luc Mélenchon, un homme politique français, l'appelle la grande bifurcation écologique de notre économie. ''*Il s'agit de planifier cette bifurcation dans tous les secteurs : énergie, nationalisations, protectionnisme solidaire, plan d'investissement, finance, construction et bâtiment, aménagement du territoire, transports, consommation, biodiversité, agriculture et alimentation, eau, forêts, économie solidaire*''. Si nous voulons réussir la transition écologique, l'heure n'est plus à transiger sur ses objectifs mais à se concentrer sur la façon de les atteindre. Si nous voulons réussir la transition écologique, les objectifs climatiques et environnementaux ne devraient plus faire l'objet de compromis permanents mais être appropriés par tous les acteurs qui ont la charge de leur mise en œuvre.[43] Il faut repenser un modèle écologique basé sur le localisme, les circuits courts, la promotion des produits locaux...un modèle que je pense être plus écologique et responsable et qui nous éloigne de l'écologie punitive. Il faut se pencher sur les conditions concrètes de nos citoyens : pouvoir d'achat, logement, santé, droit à la mobilité. Un vrai rééquilibrage de nos territoires en faveur de la ruralité.

Gouverner c'est donner un cap, prévoir et choisir. Émile de Girardin dit : ''*Gouverner, c'est prévoir; et ne rien prévoir, c'est courir à sa perte*''. La plupart des politiques qui nous gouvernent n'ont pas de direction ni de vision. Ils passent la majeure partie de leur temps à faire de fausses promesses sachant que les choses n'arriveront jamais. La quasi-classe politique est animée par des ''Ayatollahs politiques'' qui disent tout et son contraire. Ce que souhaitent les néo-brunswickois c'est que la province soit bien dirigée avec une vision claire et qui donne à l'autorité publique un sens, loin des partisanneries qui divisent le peuple.

Je pense qu'il est temps de remettre la province en ordre et ça passe par des référendums d'initiative citoyenne (RIT) dont la crédibilité assoira l'autorité.

Le Nouveau-Brunswick est un ''Organisme Malade'', il n'y a pas une partie qui fonctionne correctement, tous les pans de la société sont en lambeaux : le système de santé ne fonctionne pas comme il le faut, l'économie est toujours à plat, le pouvoir d'achat n'est jamais au rendez – vous, les inégalités

---

[43] https://tnova.fr/ecologie/transition-energetique/100-jours-pour-organiser-letat-afin-de-reussir-la-transition-ecologique/#1-le-constat-nbsp-l-rsquo-etat-n-rsquo-est-pas-organis-eacute-pour-mener-la-transition-eacute-cologique-nbsp

ne cessent de se creuser entre riches et pauvres, la crise environnementale, le chômage de masse, l'immigration et l'inflation etc. La défiance des citoyens envers leurs institutions et le système de gouvernance.

Après avoir passé des années à effectuer des recherches pour écrire ce bouquin, je crois profondément que tout dépend de vous. En plus j'ai confiance en votre grande capacité à écrire notre roman provincial ensemble. Nous avons tellement assez d'atouts pour y parvenir. Nous n'avons aucune raison de douter et d'avoir de la migraine. La meilleure mission que nous avions est celle de rebâtir notre province qui est en lambeau, parce que les murailles sont tombées depuis longtemps, tous les pans de la société sont malades. Nous avons besoin d'aller puiser au fond de nous un nouveau souffle, des ressources et cette attitude est indispensable - En revanche, cette aventure doit nous permettre de redessiner notre province qui est malade, d'écrire ensemble notre <u>ROMAN PROVINCIAL</u> et de sauver les prochaines générations.

L'alternative pour un autre monde est possible. Il faut dépasser la partisannerie, les clivages politiques, les questions d'appareils, travailler avec des personnalités aux parcours différents et la société civile, avec celles et ceux qui voudront aller chercher ce sursaut. Les portes restent grandement ouvertes pour chaque citoyenne ou citoyen, d'où qu'ils viennent et qui a l'intention de se joindre à nous avec de nouvelles idées. Il faut aller chercher des idées neuves, avoir le temps de se préparer. Il faut être créatif, tout revoir. Victor Hugo disait : *"Et dans la tempête et le bruit la clarté reparaît grandie..."* et à Victor Hugo d'ajouter : *"Il vient une heure où protester ne suffit plus : après la philosophie, il faut l'action"*.

Comme disait l'autre : *"aimer son pays, ce n'est pas le décons-truire, mais le reconstruire"*.

Quand nous menons ensemble une action concertée, nous pouvons obtenir de bien meilleurs résultats que lorsque nous agissons seuls. Vous savez les gens se rassemblent pour défendre les causes auxquelles ils croient. Ils déposent de-vant la justice des recours collectifs, ces procès engagés en coopération par un groupe de personnes qui ont été victimes des agissements d'une grande compagnie, par exemple : les intéressés ne savent très bien qu'aucun d'eux, en agissant seul, ne parviendra à obtenir réparation. Une des tactiques du gouvernement consiste à maintenir le déséquilibre des forces actuelles, en faisant ce qu'il faut pour qu'il soit plus dif-ficile de mener des actions collectives. Pour éviter cette dys-topie nous devons trouver moyen de créer une société plus égalitaire sans concentration dangereuse de pouvoir - Il faut des cohortes de patriotes pour reconquérir notre souverai-neté, mais ça demande un sursaut courageux pour réaliser ce projet. Nous ne devons jamais abandonner la lutte sinon nous sommes des perdants. Surtout ne pas disperser nos énergies, mais être capable de les concentrer pour réussir ce projet commun : LA RECONSTRUCTION DE LA MURAILLE EN RUINE - Pour les Chinois le summum de l'art de la guerre est de *"Gagner sans livrer une moindre bataille soumettre l'en-nemi sans verser le sang"*.